La defensa de España

en la era de la incertidumbre

La defensa de España

en la era de la incertidumbre

Ignacio Cosidó Gutiérrez (Editor)

Centro para el Bien Común Global

5

Madrid 2025

Colección
Centro para el Bien Común Global

Director
Ignacio Cosidó Gutiérrez

Comité Científico Asesor
Vicente Garrido Rebolledo
Eva Ramón Reyero

Primera edición: enero de 2025

ISBN edición impresa: 978-84-10083-71-4

ISBN edición digital: 978-84-10083-72-1

Depósito legal: M-2639-2025

Preimpresión e impresión: MCF Textos, S. A.

Este texto ha sido sometido a una revisión ciega por pares.

Índice

La defensa de España en la era de la incertidumbre

Introducción

Fernando García Sánchez
Almirante general (retirado)

L
A POLÍTICA DE DEFENSA, así se reconoce en nuestra estrategia de seguridad, es una política de Estado que, como tal, necesita estabilidad, estudio, reflexión, voluntad política y decisiones ágiles que permitan su adaptación a los cambios estratégicos y al impacto tecnológico agresivo y veloz del siglo XXI.

En este segundo cuarto del siglo en el que nos adentramos con sus incertidumbres, con una situación política y estratégica quebradiza, con riesgos y amenazas globales, con una tecnología disruptiva a nuestro alcance que ofrece enormes posibilidades de integración y explotación de nuevas capacidades militares, con la necesaria y exigente sostenibilidad y autonomía estratégica, es obligado profundizar en un debate sobre defensa, la defensa de Europa en un cambio de época, que permita tomar decisiones que den confianza a nuestra sociedad europea hoy y aseguren su pervivencia como elemento nuclear de la civilización occidental mañana. Las políticas de «avestruz» o *wait and see* son suicidas y tremendamente peligrosas.

La defensa de España en la era de la incertidumbre, desde una óptica nacional, abre la puerta a este debate necesario y constituye un elemento, una herramienta magnífica, para ayudar a militares y políticos en el necesario proceso de transformación de las Fuerzas Armadas[1] ajustándolo y sincronizándolo con la vertiginosa «reglobalización»

---

[1] «[…] la duda que se puede, y se debería plantear, desde una perspectiva de evaluación de políticas públicas es, si [las fuerzas armadas] son una eficiente máquina de guerra, bien engrasada, para disuadir a nuestros potenciales enemigos…». Jesús de Salvador (véase el capítulo 9 de esta misma obra).

(globalización más autonomía estratégica) a la que estamos sometidos y asegurando su participación en las cada vez más necesarias acciones «integradas para influir» (i+i).

La debilidad del proceso de transformación está en el enlace o conexión de la cadena «política-estrategia-plan-programa-presupuesto» y en su dirección con un rumbo de futuro, eficiente, integrado y sostenible, donde el principal problema no es invertir (gastar) más, sino asegurar su coherencia e invertir (gastar) mejor.[2]

Una política comprometida —y una estrategia apropiada— puede ser estéril y meramente retórica si no provoca e incluye los correspondientes planes, programas y presupuestos. Sería una política o estrategia de ruido y humo, salvas de saludo u honores, solo útil a efectos propagandísticos o laudatorios, pero realmente peligrosa cuando la necesidad obligue a poner la estrategia en práctica y sea necesario pasar de las palabras a los hechos *(facta, non verba)* o de las musas al teatro.

El desafío es conseguir un compromiso «de Estado» para la programación y financiación[3] de las Fuerzas Armadas a medio y largo plazo[4] sincronizado con los equivalentes procesos de transformación de nuestras dos alianzas básicas, la Unión Europea y la Alianza Atlántica.

Las dificultades residen, a nivel Estado, en las políticas de financiación públicas y a nivel Fuerzas Armadas y defensa, en la política de «suma cero», donde los intereses específicos de los Ejércitos de Tierra, Aire y de la Armada ganan prioridad frente a los intereses conjuntos, y la postura política de asegurar la «paz inter ejércitos

---

[2] «[…] [Defensa 4.0] como cambio de paradigma, supondría y contribuiría notablemente al objetivo de aligerar y modernizar la estructura, para así ganar músculo, como hemos apuntado, dejar de lado la posible obsolescencia y envejecimiento de las FAS». Jesús de Salvador (véase el capítulo 9 de esta misma obra).

[3] «[…] teniendo como uno de sus objetivos [función pública de seguridad y defensa] la eficiencia, es decir, alcanzar los objetivos fijados al menor coste posible, dada nuestra situación económica, con el lastre del binomio deuda-déficit, y además con un mercado de la defensa que es un clásico ejemplo de mercado imperfecto, por lo que existe un inevitable riesgo de ineficiencia». Jesús de Salvador (véase el capítulo 9 de esta misma obra).

[4] «[…] lo que se decide ejecutar cada año en Defensa depende en más de la mitad —cerca de dos tercios— de un instrumento coyuntural anual como son las modificaciones presupuestarias». Jesús de Salvador (véase el capítulo 9 de esta misma obra).

y armada» recomienda una política de distribución proporcional de recursos, ineficiente al no adaptarse a las exigencias estratégicas y operativas.

Estas dificultades obligan a reforzar el proceso de integración y sostenibilidad, y a impulsar un compromiso (ley[5]) a medio y largo plazo de programación y financiación que, a partir de los desafíos y objetivos estratégicos, incluya los planes y programas previstos en los campos de personal y material, así como su financiación, que se trata en el capítulo 9 y que adquiere una relevante importancia, pues constituye el punto de apoyo de la practicabilidad de la política de defensa y un importante indicador de rendimiento en el seno de nuestras alianzas.

Un compromiso de programación y financiación a medio y largo plazo es, además, un elemento de integración, en la red de seguridad y defensa, de la industria de defensa,[6] la tradicional y la constituida por las nuevas compañías tecnológicas y energéticas cada vez más vinculadas en las políticas de seguridad y defensa, y un marco colaborativo imprescindible con la comunidad «I+D+i» en el ámbito de la universidad y de la empresa, de forma que se reduzcan las limitaciones de carácter administrativo[7] y logístico, y que se asegure la sostenibilidad de la fuerza, la razón de ser de las Fuerzas Armadas.

La inseguridad global obliga a reforzar las alianzas, potenciar y regenerar la Organización de las Naciones Unidas y profundizar en el concepto de acciones «integradas para influir» (i+i), donde el empleo de las fuerzas armadas tiene ya, y previsiblemente tendrá en el futuro, no solo las características de la acción conjunta, sino la acción multidominio[8] sincronizada en los campos: diplomático,

---

[5]   «[…] La presupuestación anual nos lleva a ineficiencias, […] Hay que dar a la industria nacional el tiempo necesario para hacer los desarrollos». Rubén García Servert (véase el capítulo 3 de esta misma obra).

[6]   «[…] es preciso tener en cuenta la necesidad de apoyar a la industria de defensa nacional por razones tanto estratégicas como económicas». Juan Rodríguez Garat (véase el capítulo 2 de esta misma obra).

[7]   «[…] las dificultades administrativas para gestionar los presupuestos, cumpliendo una normativa que se adapta muy poco a las peculiaridades del gasto en defensa». Juan Rodríguez Garat (véase el capítulo 2 de esta misma obra).

[8]   «Toda actuación en el dominio aéreo debe ser en el marco de actuaciones multidominio». Rubén García Servert (véase el capítulo 3 de esta misma obra).

informativo-psicológico[9] cognitivo[10], militar-seguridad interna y económico-seguridad energética-industria.[11] Acciones «i+i» que se desarrollan por tierra, mar, aire, espacio exterior, ciberespacio y en el espacio electromagnético.

Los seis primeros capítulos refuerzan la idea de que las operaciones militares son hoy, y lo serán mañana, multidominio,[12] y que deben sincronizarse con el resto de las capacidades del Estado para influir, entendiendo la influencia como un concepto que abarca desde el apoyo y la disuasión hasta la reacción mediante la fuerza militar. Influencia que actúa de una forma continua en el tiempo y, de manera simultánea, en los diferentes teatros de operaciones o dominios de actuación.[13]

Tenemos que ser conscientes del impacto de la revolución tecnológica en la naturaleza de la guerra que, si en su concepto sigue siendo un enfrentamiento entre voluntades en su forma de ejecución, en el combate, en la forma de empleo de la fuerza, ha cambiado profundamente.

La utilización de la computación cuántica, la inteligencia artificial generativa, los algoritmos y el manejo de grandes bases de datos en apoyo de los procesos de decisión y de los indicadores de alerta y

---

[9]   «[…] las operaciones psicológicas son actividades planificadas que utilizan métodos de comunicación y otros medios dirigidos a audiencias aprobadas, con el fin de influir en las percepciones, actitudes y comportamientos que afectan al logro de los objetivos políticos y militares. Su objetivo es influir e interferir en la percepción mediante la desinformación y la persuasión». Jesús Gutiérrez Gallego (véase el capítulo 6 de esta misma obra).

[10]   «El cognitivo es un ámbito intangible que está inherentemente ligado a la naturaleza humana. Puede ser considerado de forma individual, socializada u organizada, y está estrechamente relacionado con la capacidad de juicio y toma de decisiones de las personas». Jesús Gutiérrez Gallego (véase el capítulo 6 de esta misma obra).

[11]   «Elon Musk está demostrando, en una situación real, la viabilidad de adaptar y usar capacidades comerciales en un entorno militar operativo». Ignacio Bengoechea Martí (véase el capítulo 4 de esta misma obra).

[12]   «[…] desde el origen de los tiempos se ha combatido sobre el terreno y los espacios marítimos, pero que en poco más de un siglo hemos incorporado otros cuatro nuevos ámbitos a las operaciones militares: el aéreo, el espacial, el ciberespacial y el cognitivo, por lo que no podemos descartar que en unos pocos años nuestras Fuerzas Armadas combatan en ámbitos que hoy en día no estamos en condiciones de concebir ni imaginar». Enrique Cubeiro Cabello (véase el capítulo 5 de esta misma obra).

[13]   «El entorno operativo futuro va a estar caracterizado por la complejidad, la inestabilidad, la incertidumbre y la omnipresencia de la información». Miguel Martín Bernardi (véase el capítulo 1 de esta misma obra).

generación de blancos; la robotización y el control remoto, el desarrollo de armas cada vez más móviles, precisas y destructivas unido al posible uso de las armas nucleares, biológicas y psicológicas; el control del ciberespacio,[14] la posible militarización del espacio exterior[15] y las capacidades de integración de las acciones a través de plataformas en red colaborativas de información, inteligencia, fuego y movimiento han cambiado, y cambiarán sustancialmente el empleo y las características de las Fuerzas Armadas.

Tenemos que poner la luz larga para mirar más allá del horizonte y no utilizar el retrovisor en nuestro debate sobre la defensa y seguridad necesarias en una Europa en riesgo, explotando nuestras ventajas y minimizando nuestras debilidades.

En estas acciones «i+i», operaciones multidominio de hoy y mañana, integradas en la acción del Estado, las operaciones de *targeting*, con acciones «militares y de los cuerpos de seguridad», «diplomáticas», «económicas, energéticas, sobre infraestructuras críticas» e «informativas, psicológicas, cognitivas» confirman la necesidad del asesoramiento jurídico[16] permanente que refuerza su importancia para el empleo de la fuerza,[17] así como el mantenimiento permanente de altos estándares sanitarios para conseguir el ideal de «bajas cero» recuerda la necesidad de una sanidad operativa eficiente, desplegable e integrada en las operaciones.

Una función de reforzada relevancia en estas acciones «integradas para influir»[18] (i+i), donde las estrategias híbridas se utilizan de

---

[14]   «Ciberdependencia: el ciberespacio se ha convertido en un elemento esencial para la seguridad pública, el desarrollo social, el bienestar económico y la seguridad nacional de todos los países avanzados, al apoyar todo el espectro de actividades de la población, empresas y organismos de los Estados». Enrique Cubeiro Cabello (véase el capítulo 5 de esta misma obra).

[15]   «[…] en lo que se refiere al espacio, todo es relevante, porque afecta a la vida de todos los ciudadanos». Ignacio Bengoechea Martí (véase el capítulo 4 de esta misma obra).

[16]   «[…] ciberarmas, pero que, como veremos, no está nada claro que respondan a la naturaleza de arma que establecen las normas que constituyen el Derecho internacional de los conflictos armados». Enrique Cubeiro Cabello (véase el capítulo 5 de esta misma obra).

[17]   «El empleo de la fuerza militar estará sometido, cada vez más, al estricto cumplimiento de rígidas reglas de enfrentamiento y de la legislación». Miguel Martín Bernardi (véase el capítulo 1 de esta misma obra).

[18]   «[…] integrar las capacidades de obtención con las capacidades de análisis y generar una verdadera comunidad nacional de inteligencia». Ignacio Cosidó y Wenceslao Sánchez (véase la conclusión de esta misma obra).

forma intensiva y el crimen organizado actúa y explota la situación, es la inteligencia. El seguimiento de la situación estratégica y de los indicadores de alerta hacen de la información[19] y la inteligencia funciones vitales, como se analiza en el capítulo 7.

La naturaleza de la guerra como enfrentamiento de voluntades nos obliga a tener presente que la voluntad política, la voluntad de vencer, la formación en valores y el liderazgo estratégico no pueden ser obviados, y su existencia constituye una condición necesaria para la victoria.

Los ciudadanos,[20] civiles, soldados o marineros son el centro de gravedad de la defensa en estas acciones complejas y multidominio,[21] y su cuidado a través de la formación militar y de la implantación de una potente cultura de defensa,[22] que refuerce y cultive en nuestra sociedad los valores como españoles, europeos y representantes de la cultura occidental, constituye la mejor inversión en seguridad de una sociedad democrática, incluyendo el apoyo a la formación y selección de los líderes estratégicos necesarios para desarrollar estos objetivos.

La necesidad de «defender Europa en un cambio de época» vuelve a poner en evidencia algo que recoge nuestra estrategia de seguridad: «la seguridad es de todos», y realza la importancia de establecer esquemas de compromiso de la sociedad con su defensa a través de una mejora y actualización de nuestros programas de reserva[23] (voluntaria, obligatoria o de especial disponibilidad), del establecimiento de

---

[19] «El tercer objetivo está centrado en reforzar la capacidad de obtención de información desde el espacio, con sensores que cubran todo el espectro, desde el visual e infrarrojo hasta el electromagnético». Ignacio Bengoechea Martí (véase el capítulo 4 de esta misma obra).

[20] «En el futuro conflicto, la población siempre estará presente, bien como un actor en el teatro de operaciones o bien como audiencia». Miguel Martín Bernardi (véase el capítulo 1 de esta misma obra).

[21] «[…] en el contexto del enfrentamiento cognitivo […] operan los instrumentos de poder del Estado con el objetivo de configurar un Estado final deseado en un sistema o sociedad». Jesús Gutiérrez Gallego (véase el capítulo 6 de esta misma obra).

[22] «[…] importante es constatar las lagunas en la cultura de defensa de los españoles, reconocidas por todos los Gobiernos desde la Transición». Juan Rodríguez Garat (véase el capítulo 2 de esta misma obra).

[23] «[…] los reservistas son potenciales soldados que se encuentran en estado sedentario, desmovilizados o desactivados, es decir, civiles que permanecen disponibles para, llegado el caso, ser encuadrados en una unidad militar». José Miguel Quesada (véase el capítulo 8 de esta misma obra).

un servicio europeo universal (idea similar al servicio nacional universal francés) y en profundizar en los protocolos de movilización a través de la Ley de Seguridad Nacional en vigor.[24] Este impulso, qué duda cabe, mejorará nuestra cultura de defensa y la conexión entre militares y civiles.[25]

En los capítulos 8, 10 y 11 se presenta la situación en el ámbito de los recursos humanos (personal) con profundidad y claridad.

Los recursos humanos deben estar totalmente integrados en la visión de las Fuerzas Armadas[26] del futuro; su formación[27] y adiestramiento requieren una tremenda sensibilidad para poder competir en el mercado laboral[28] e impulsar la gestión del talento,[29] la promoción de los valores militares, el liderazgo, y mejorar y equilibrar las remuneraciones y el modelo de carrera. De nuevo estamos en un ambiente donde el principal problema no es la cantidad, sino la calidad y la adaptación de la organización de las Fuerzas Armadas a su concepto de empleo como elemento básico de su proceso de transformación.

Un proceso de transformación que debe ser regido por el triángulo equilátero definido por: el concepto de empleo de las Fuerzas

---

[24]   «El mayor cambio estratégico que debe realizarse en relación con la reserva es cambiar el carácter de suplementaria por el de complementaria, o lo que es lo mismo, mudar aquello de que "no ocupan plaza en las plantillas de las unidades"». José Miguel Quesada (véase el capítulo 8 de esta misma obra).

[25]   «[…] se valoraba muy positivamente la posibilidad de que los reservistas acercaran el mundo militar a la sociedad civil». José Miguel Quesada (véase el capítulo 8 de esta misma obra).

[26]   «La Ley de Tropa y Marinería fue una legislación muy necesaria porque no éramos capaces de reclutar todo el personal que necesitamos de esta escala. Sin embargo, el modelo era demasiado rígido, buscando una homogenización de carrera para los Ejércitos y la Armada». Fausto Escrigas Rodríguez (véase el capítulo 10 de esta misma obra).

[27]   «El modelo de ejército de cada sociedad condiciona su sistema de enseñanza militar, pero también los usos posibles de su herramienta militar». Carlos Frías Sánchez (véase el capítulo 11 de esta misma obra).

[28]   «[…] respecto a la Ley de Derechos y Deberes, el principal problema ha sido la falta de medidas complementarias para minimizar el efecto de la conciliación de la vida familiar en la operatividad de las unidades de la Fuerza. Se ha abordado de la misma forma que si fuera una unidad administrativa». Fausto Escrigas Rodríguez (véase el capítulo 10 de esta misma obra).

[29]   «[…] los planes de estudios de las escuelas y academias para acceder por promoción interna a la Escala de Oficiales son más exigentes que antes. Ahora es necesario cursar cinco años en las escuelas, o tener un grado y cursar dos años. Ambas opciones son poco atractivas para los suboficiales, por lo que se ha reducido de forma apreciable su promoción interna». Fausto Escrigas Rodríguez (véase el capítulo 10 de esta misma obra).

Armadas,[30] la estructura de la fuerza y la financiación, y en su centro y núcleo los valores militares[31] que le dan razón y consistencia.

Enhorabuena a los autores por su excelente trabajo, a la Universidad Francisco de Vitoria, a la Fundación para el Análisis y los Estudios Sociales (FAES) y a su coordinador, por esta iniciativa que abre una nueva oportunidad de profundizar en el debate público[32] sobre la necesaria transformación de nuestra política de defensa en este punto decisivo en el que nos encontramos, con Europa en riesgo y preocupada por su defensa y seguridad.

La defensa de España en la era de la incertidumbre constituye una magnífica referencia para profundizar en el estudio de nuestros elementos de fuerza y debilidad que nos permita evolucionar para reforzar nuestra seguridad e integrarla en la europea y occidental en este vibrante siglo XXI.

---

[30] «[…] según el uso que se prevea para el instrumento militar, la formación de su personal es diferente». Carlos Frías Sánchez (véase el capítulo 11 de esta misma obra).

[31] «Toda enseñanza es transmisión de conocimientos y también de valores. Los dos aspectos no son igual de importantes: los valores son permanentes, mientras que los conocimientos son transitorios». Carlos Frías Sánchez (véase el capítulo 11 de esta misma obra).

[32] «Hace falta una mayor voluntad política de actuar en todos estos temas, empezando por una atención específica al tema de defensa nacional en todos los programas electorales». Rubén García Servert (véase el capítulo 3 de esta misma obra).

1. Dominio terrestre

MIGUEL MARTÍN BERNARDI
Teniente general del Ejército de Tierra (R)

INTRODUCCIÓN

ME GUSTARÍA DAR MI VISIÓN sobre el ámbito o dominio terrestre y su previsible evolución futura. Lo haré expresando un punto de vista personal basado en una larga experiencia profesional tanto en unidades de la Fuerza como en Estados Mayores nacionales e internacionales. En este sentido, creo especialmente relevante la experiencia vivida en mi último destino en activo como segundo jefe del Estado Mayor del Ejército, y más específicamente, por los trabajos y estudios que coordiné para el desarrollo del principal proyecto de futuro del Ejército: la Fuerza 35.

EL ENTORNO OPERATIVO

Para aproximarnos a la evolución del dominio terrestre es preciso hacer un análisis de los elementos del entorno operativo futuro que van a afectarle. Los principales factores son los siguientes:

- El entorno operativo futuro va a estar caracterizado por la complejidad, la inestabilidad, la incertidumbre y la omnipresencia de la información. España se enfrentará a un futuro volátil e incierto definido por la velocidad del cambio, y la presencia de múltiples amenazas y desafíos. A las tradicionales amenazas, consecuencia de las disputas entre Estados por cuestiones políticas o territoriales, se sumarán las provenientes de actores no estatales. Para el dominio terrestre supondrá la necesidad de disponer de capacidades para hacer frente a todo tipo de situaciones en todo el espectro del conflicto, y a dotarse de una mentalidad anticipatoria que ayude a prever las crisis y actuar con rapidez y flexibilidad antes de que se produzca la escalada.

- En el futuro conflicto, la población siempre estará presente, bien como un actor en el teatro de operaciones o bien como audiencia. Ya el general británico Rupert Smith acuñó el término de «guerra entre la gente». El combatir y operar entre la gente afectará especialmente a la Fuerza terrestre, que es la que ocupa el terreno e interactúa con la población.

- El conflicto entre la gente se dará fundamentalmente en escenarios urbanos densamente poblados, próximos a la costa, donde se espera que en 2035 viva el 65 % de la población mundial, y de ella, el 70 % en barrios marginales. El complejo reto de operar en ambiente urbano será una constante para el dominio terrestre.

- También afectará el progresivo envejecimiento de la población y la reducción de la natalidad, lo que llevará aparejadas dificultades para completar el personal de la Fuerza Terrestre, la que más personal requiere, cada vez más cualificado. Ante este reto, será preciso ofrecer unas condiciones laborales y profesionales idóneas para competir en el mercado de trabajo y completar las plantillas.

- El empleo de la fuerza militar estará sometido, cada vez más, al estricto cumplimiento de rígidas reglas de enfrentamiento y de la legislación, que afectarán hasta a las más pequeñas unidades terrestres en el cumplimiento de sus cometidos operativos. Por el contrario, el adversario no estará normalmente limitado en su actuación, lo que producirá un desequilibrio en el enfrentamiento. La formación del combatiente terrestre en este sentido habrá de ser exquisita.

- Será habitual el empleo por parte del adversario de estrategias «híbridas» en la denominada «zona gris», que es la zona del espectro del conflicto donde predominan las actuaciones al margen del principio de buena fe entre Estados y que, pese a alterar notablemente la paz, no cruzan los umbrales que permitirían o exigirían una respuesta armada. En este escenario, el adversario empleará diversos medios de todo tipo (políticos, económicos, civiles, de información y militares), que gradualmente podrá incrementar en intensidad con medidas de presión económica y financiera; ciberataques, con denegación de servicios esenciales o infraestructuras críticas; acciones violentas como atentados terroristas; empleo de unidades militares de baja visibilidad, como operaciones especiales, y, finalmente, el despliegue de fuerzas convencionales para tratar de controlar la escalada del conflicto. Resultará especialmente complejo enfrentarse al dominio terrestre, que requerirá inteligencia actualizada y preparación específica.

- Podrá llegar a producirse una escalada del conflicto que lleve a un enfrentamiento de alta intensidad y de gran letalidad. Este ha sido el caso del conflicto en Ucrania, que ha cambiado el panorama geopolítico al producirse una situación en Europa que pocos preveían y que está teniendo unas consecuencias importantísimas en las fuerzas armadas de los países occidentales. Para la Fuerza Terrestre, el enfrentar este tipo de escenarios está obligando a realizar una importante adaptación en muchos aspectos. Desde los años 80 del siglo pasado, el foco de las Fuerzas Armadas ha estado en la ejecución de misiones mucho menos exigentes, ya que estaban orientadas fundamentalmente a la gestión de crisis o apoyo a la paz. Esta nueva situación está obligando a realizar un cambio en las prioridades de adquisición de materiales, en la preparación y en la mentalidad del combatiente terrestre.

EL DOMINIO TERRESTRE ANTE EL FUTURO

Analizados de forma sucinta los principales factores del entorno operativo futuro que afectan al dominio terrestre, pasemos a determinar cómo será este dominio en el futuro próximo.

Como aspectos genéricos, en el futuro, la Fuerza Terrestre, como parte integrante y esencial de la Fuerza Conjunta, deberá mantener las capacidades para hacer frente a amenazas y desafíos de distinta naturaleza en todo el espectro del conflicto: apoyo a las autoridades civiles y a las Fuerzas y Cuerpos de Seguridad del Estado, operaciones de ayuda humanitaria, de apoyo a la paz, de estabilización y protección de la población civil, y enfrentamientos de alta intensidad contra adversarios de características y capacidades similares a las propias.

Deberá estar preparada para actuar tanto en el ámbito de las organizaciones internacionales de las que España forma parte —Organización de las Naciones Unidas, Unión Europea y Organización del Tratado del Atlántico Norte (OTAN)—, en el ámbito de coaliciones *ad hoc*, así como de forma autónoma para hacer frente a una amenaza «no compartida». Además, las organizaciones operativas han de ser capaces de realizar simultáneamente distintos tipos de actividades: combate, seguridad, estabilización, ayuda humanitaria u otras (recordemos el concepto de «guerra de los tres bloques» que preconizó el general Krulak de la United States Marine).

De forma más específica, y de acuerdo con lo mencionado anteriormente sobre la adaptación al nuevo entorno operativo, el dominio terrestre está haciendo la transición para pasar de operar en un escenario en el que predominaban las operaciones de gestión de crisis/apoyo a la paz, a otro en el que es muy probable el combate de alta intensidad (el Ejército de Tierra despliega actualmente unidades en varios países del este de Europa). Es necesario mencionar que durante muchos años España ha invertido poco en defensa con un esfuerzo, por debajo del 1 % del producto interior bruto, lo que ha tenido un impacto en la disponibilidad operativa. Por tanto, para llevar a cabo esta adaptación habrá que hacer un importante esfuerzo para poner al día las capacidades de la Fuerza Terrestre. A este respecto, se destacan los siguientes aspectos:

- Mando y control e inteligencia. La Fuerza Terrestre precisa unas comunicaciones seguras, protegidas y con el alcance adecuado. Sin un sistema apropiado de mando y control no es posible dirigir las operaciones. Además, en el escenario actual, con un campo de batalla muy sensorizado (drones, vehículos de reconocimiento, cada vehículo/combatiente será un sensor) es preciso que la información que transmiten esos sensores, que es enorme, llegue a los puestos de mando en tiempo real y en condiciones de ser explotada de forma inmediata. Actualmente, la Fuerza Terrestre no cuenta con un sistema mando y control en sus pequeñas unidades con un ancho de banda suficiente para conseguir el adecuado control de las unidades, tampoco para sostener el tráfico de la información del campo de batalla sensorizado. También se precisan unos sistemas de inteligencia artificial en todos los puestos de mando para explotar esa información de forma inmediata, ya que resulta imposible a analistas humanos realizarlo. La consecución de esas capacidades en el ámbito del mando y control e inteligencia resultarán imprescindibles para obtener la superioridad en la información, esencial para alcanzar la superioridad en el enfrentamiento.

- Fuegos. Artillería de largo alcance. Si hay una capacidad que se ha revalorizado tras el conflicto de Ucrania es la de los fuegos, especialmente la artillería de largo alcance, y las municiones inteligentes y merodeadoras (*loitering*). La Fuerza Terrestre no cuenta con sistemas de cohetes de lanzamiento múltiple (MLRS, *multiple launch rocket system*) ni con sistemas de cohetes de artillería de alta movilidad (con 300-500 km de alcance)[1] (HIMARS, *high mobility artillery rocket system*). En España se inicia ahora el desarrollo del SILAM: sistema lanzador de alta movilidad (40-300 km de alcance) con cierto retraso, pues además de ser estos sistemas esenciales en el campo de batalla, constituyen una excelente herramienta de disuasión. Por otro lado, la disponibilidad de municiones inteligentes y merodeadoras es prácticamente experimental, y son muy necesarias en el escenario actual.

- Drones y antidrones (UAS/anti-UAS. RPAS/anti-RPAS[2]). La principal revolución en el combate a nivel táctico es consecuencia de la presencia masiva de drones en el campo de batalla. Los drones son baratos, efectivos y flexibles en su uso. Se emplean tanto para atacar todo tipo de objetivos como para llevar a cabo misiones ISTAR (inteligencia, vigilancia, adquisición de objetivos y reconocimiento). El combate terrestre desde hace tiempo se desarrolla en las tres dimensiones: superficie (unidades y medios terrestres), baja y muy baja cota (helicópteros), pero la incorporación de los

---

[1] España es el único país de una entidad similar que no dispone de esta capacidad.

[2] La denominación actual de los drones en el ámbito militar es *unmanned aerial systems* (UAS) o *remotely piloted aircraft system* (RPAS).

drones ha potenciado la importancia de la tercera dimensión en el combate terrestre, pudiendo resultar definitiva para lograr imponerse al adversario.[3] Es por tanto una necesidad imperiosa para la Fuerza Terrestre dotarse de esta capacidad, de la que solo se cuenta con un porcentaje mucho menor de lo que los estudios de la Fuerza 35 determinaron como necesario. También es preciso plantearse seriamente la necesidad de armarlos.

Por otra parte, es obvio que cualquier adversario hará un uso extensivo de drones, por lo que el desarrollo, adquisición e incorporación de sistemas antidrones en todos los niveles de la Fuerza Terrestre, y la potenciación y modernización de la artillería antiaérea constituyen una necesidad urgente y perentoria.

- El conflicto de Ucrania ha supuesto el regreso del enfrentamiento convencional y eminentemente terrestre, en el que se lucha por el control del terreno y la defensa de la soberanía nacional. En este escenario, las fuerzas mecanizadas se constituyen en el núcleo resolutivo de la Fuerza Terrestre y contribuyen decisivamente a la resolución favorable del conflicto bélico. Su disponibilidad permanente requiere un esfuerzo muy exigente en muchos aspectos, más allá del carro de combate, su componente más significativo. Todos los elementos que conforman una fuerza mecanizada (zapadores, infantería, caballería, artillería de campaña, defensa aérea, transmisiones, guerra electrónica, logística, etc.) deben estar dotados de unas capacidades materiales de nivel tecnológico similar y tener un grado de mantenimiento que garantice su total disponibilidad. La preparación técnica y táctica de su personal es fundamental, y también requiere un alto grado de exigencia y esfuerzo. Algunos agoreros han anunciado el final del carro de combate, sin embargo, para los principales analistas, el carro de combate, evolucionado en algunos aspectos, seguirá siendo el elemento más resolutivo y disuasorio de la Fuerza Terrestre.
- Será preciso ir modificando el sistema de adiestramiento para adaptar la preparación al escenario de cada momento. En este sentido, seguirá siendo necesario practicar situaciones de enfrentamiento en

---

[3]   En la guerra de Nagorno Karabaj, gracias al uso generalizado de drones, los azeríes consiguieron destruir en tres días 200 carros de combate y más de 200 piezas de artillería, lo que resultó determinante para alcanzar la victoria.

la zona gris, pero serán preponderantes aquellas relativas a un escenario convencional en el que la Fuerza Terrestre se enfrenta a un adversario con capacidades similares a las propias formando parte de una coalición internacional, fundamentalmente de la OTAN. Habrá que prestar especial atención a todos los aspectos relativos a la interoperabilidad y a la práctica de las tácticas y procedimientos propios de este tipo de combate. Probablemente, habrá una potenciación de los despliegues de capacidades terrestres disuasorias en la zona de conflicto (tipo Enhanced Forward Presence en Letonia) o el adiestramiento conjunto con aliados en los ejercicios internacionales de gran entidad (ejercicios Defender Europe o Swift Response).

- También el conflicto de Ucrania ha puesto de manifiesto la dificultad de contar con la disponibilidad de las grandes cantidades de municiones que este tipo de enfrentamiento supone, por lo que el mantenimiento de la adecuada reserva estratégica de municiones y asegurar que la industria nacional/aliada sea autónoma y cuente con capacidades suficientes para responder a las demandas de un escenario tan exigente, constituyen una prioridad estratégica que hay que establecer y preservar.

- Además de lo anterior, para mantener la capacidad de enfrentar con éxito los retos del futuro, será preciso incorporar de forma permanente los avances tecnológicos. Se prevé, entre otros, los siguientes: medios autónomos o semiautónomos no tripulados, fuegos letales y no letales más profundos, automatización de tareas complementarias (sistemas de vigilancia, protección de la fuerza, detección de amenazas, flujos logísticos autónomos), fabricación aditiva, sensorización de los sistemas que alerten de las averías y faciliten el apoyo logístico, inteligencia artificial y aprendizaje de máquinas, realidad aumentada y sistemas del combatiente futuro.[4]

- Los dominios ciberespacial y cognitivo son transversales, por lo que la Fuerza Terrestre precisa actuar en ellos. Las capacidades

---

[4]   Se han identificado en el sistema de combatiente futuro cuatro grandes áreas: protección, tanto balística como de enmascaramiento, ocultación y amenaza nuclear, radiológica, biológica y química; el conocimiento de la situación (interfaz, sensores, efectores, comunicaciones, etc.); el armamento y las municiones, y el aumento de la resiliencia y rendimiento en combate (visión nocturna, exoesqueleto, biotecnología, prótesis, tecnología *ciborg*, etc.).

de ciberguerra en el dominio terrestre deberán permitir la libertad de acción en las operaciones que se desarrollen en el entorno de la información, contrarrestando los efectos del adversario, explotando los favorables y respondiendo en su caso. Se requerirá contar con medidas de protección para defender nuestras redes de datos y sistemas de los ataques cibernéticos realizados a través del espectro electromagnético. En cualquier caso, la Fuerza Terrestre deberá estar preparada para actuar en ambientes electromagnéticos degradados.

- La Fuerza Terrestre tendrá que interactuar necesariamente con la población, en especial en entornos urbanos densamente poblados. Ganarse la comprensión y el respaldo de la población fortalecerá la legitimidad de nuestra actuación. Las actividades de información y los asuntos públicos militares deberán contribuir a la comunicación estratégica en apoyo a las operaciones, así como contrarrestar las acciones de desinformación del adversario.

EL FACTOR HUMANO EN EL DOMINIO TERRESTRE

El elemento esencial para enfrentar con éxito el futuro será el combatiente, centro de gravedad de nuestra institución. El soldado deberá tener una formación multidisciplinar que le prepare para afrontar situaciones nuevas y cambiantes, y que, bajo el mando de unos líderes ejemplares, mantenga los valores que caracterizan al soldado español: valor, disciplina, compañerismo y disponibilidad permanente. El combatiente futuro habrá de ser capaz de continuar operando en un ambiente electrónicamente degradado en el que, ante la ausencia de órdenes y directrices, sea capaz de cumplir la misión asignada interpretando inteligentemente el propósito del mando superior. La eficacia de las organizaciones operativas descansará en gran parte en la capacidad de liderazgo de los mandos que han de conseguir la cohesión y eficacia de sus unidades.

Por ello, la política de personal que afecta a la Fuerza Terrestre precisa de unas características y especificidades que faciliten la operatividad de las unidades y la preparación y disponibilidad del personal. En este sentido, se mencionan asuntos tales como: necesidad de aumento de las plantillas, compatibilidad de la preservación de los derechos de los servidores públicos con la disponibilidad permanente para el servicio, equiparación de salarios con el resto de la administración, establecimiento de una reserva movilizable (tenemos un Ejército de «un solo uso») o mecanismos para hacer compatible la movilidad geográfica con la conciliación familiar, entre otros.

CONCLUSIONES

En el futuro, el dominio terrestre seguirá adaptándose a la situación que determine el entorno operativo. En este sentido, las prioridades y las capacidades de la Fuerza Terrestre habrán de orientarse fundamentalmente a un conflicto de alta intensidad, con empleo de procedimientos convencionales, frente a un adversario de capacidades similares a las propias y en el ámbito de coaliciones internacionales (fundamentalmente OTAN). No obstante, el componente terrestre habrá de seguir estando preparado para hacer frente a cualquier situación en todo el espectro del conflicto y frente a un adversario que emplee estrategias híbridas en la zona gris. La capacidad de actuar de forma autónoma ante una amenaza no compartida habrá de mantenerse.

La adaptación al nuevo entorno requerirá la adquisición de nuevas capacidades y la mejora o modernización de otras. También llevará aparejadas modificaciones en el adiestramiento y en la mentalidad del combatiente. Estos cambios requerirán, si se quiere mantener la eficacia, un esfuerzo de inversión en defensa, para el que será preciso contar con la voluntad de la población española.

El centro de gravedad y elemento esencial para la consecución del éxito en la adaptación al entorno futuro es el combatiente terrestre, que ha de estar investido de los valores tradicionales del soldado español y mandado por unos líderes formados y competentes, capaces de dirigir eficazmente organizaciones operativas sólidas y cohesionadas, y con plena disposición para defender España y sus intereses allá donde se precise.

2. Dominio marítimo

Juan Rodríguez Garat
Almirante (R)

La vocación de la Armada

L A Armada, como parte de las Fuerzas Armadas (FAS) españolas, es un instrumento del Estado para la defensa de los intereses nacionales, de particular aplicación —aunque desde luego no exclusiva— al ámbito de la política exterior.

Si imaginamos a las FAS como una caja de herramientas a disposición de los españoles, los compartimentos que corresponden a la Armada tienen como señas de identidad el ámbito en el que opera —la mar y el litoral— y, sobre todo, la naturaleza expedicionaria de la fuerza naval, que se deriva de la libertad de navegación por aguas internacionales y de la movilidad de los propios buques. Ambas características, la marítima y la expedicionaria, definen cuáles son las aportaciones más valiosas —y, en ocasiones, exclusivas— de la Armada a la defensa y la seguridad de España.

Siguiendo las prioridades definidas en nuestra política de defensa, la fuerza naval es una herramienta versátil y configurable, que puede ser utilizada con eficacia en las áreas de disuasión y defensa, gestión de crisis y proyección de estabilidad, y seguridad marítima.

Aunque la decisión sobre la Armada que necesita España corresponde al Ministerio de Defensa y, en último término, al pueblo español, la propia institución siempre ha defendido una estructura equilibrada, en la que se integren versátiles plataformas de superficie y unidades aeronavales, anfibias y submarinas capaces de realizar operaciones en escenarios de alta intensidad.

El entorno operativo: la tormenta perfecta

Durante las dos últimas décadas, sería justo decir que la Armada ha tenido que navegar por un campo de minas, sometida a una tormenta perfecta de elementos perturbadores.

De entre ellos, cabe destacar en primer lugar la falta de recursos financieros en el capítulo de inversiones y, aún más acusada, en los de sostenimiento y operatividad. Las carencias derivadas de uno de los presupuestos de defensa más bajos de nuestro entorno, se vieron agudizadas a partir de la crisis económica de 2008, cuando la práctica totalidad de las voces políticas españolas competían por ofrecer a los votantes recortes adicionales en áreas críticas para la eficacia de las FAS.

No solo ha sido perjudicial la escasez de recursos, también han hecho daño a la Armada —igual que a los Ejércitos— las dificultades administrativas para gestionar los presupuestos, cumpliendo una normativa que se adapta muy poco a las peculiaridades del gasto en defensa, muy distinto al de otros ministerios a la hora de acudir al mercado.

En el proceso de valorar la cuantía de las inversiones, también es preciso tener en cuenta la necesidad de apoyar a la industria de defensa nacional por razones tanto estratégicas como económicas. El proteccionismo industrial, casi siempre justificado —además de seguridad, el presupuesto de defensa también debe comprar desarrollo tecnológico y puestos de trabajo—, no ha estado suficientemente financiado para compensar el sobrecoste que supone renunciar a la economía de escala.

La protección a las empresas españolas es, además, una política que debe aplicarse con cierto cuidado. Si se lleva demasiado lejos, en un entorno de recursos muy escasos, puede conducir a adquirir solo lo que nosotros producimos, creando un desequilibrio en las capacidades de la Armada. Para ilustrar el argumento, baste recordar que en España construimos excelentes fragatas, pero no misiles para sus pañoles. De nada sirven las unas sin los otros, y la guerra de Ucrania, donde tanto se ha hablado de las carencias de Europa en todos los tipos de munición, ha venido a recordarnos esta realidad.

Igualmente importante es constatar las lagunas en la cultura de defensa de los españoles, reconocidas por todos los Gobiernos desde la Transición. Para combatir el rechazo a las FAS por una parte de la sociedad —justificado en la mente de muchos españoles por razones políticas e históricas—, el propio ministerio ha promovido una imagen de la milicia centrada en las actividades de la Unidad Militar de Emergencias y en las operaciones de paz. Si bien el objetivo se ha conseguido —la valoración de las FAS ha mejorado mucho—, el coste ha sido alto, porque la caracterización de los ejércitos como herramienta humanitaria esconde ante la opinión pública sus carencias en las áreas que constituyen su razón de ser: la disuasión y la defensa.

La proliferación de operaciones y despliegues en tiempo de paz, por otra parte, ha obligado a centrar los esfuerzos en la preparación de estas misiones, también exigentes. Por esta razón, se han consumido en esta tarea los escasos recursos disponibles, en detrimento del alistamiento de las unidades que no han desplegado y de las capacidades de combate que, afortunadamente, no han sido necesarias. Sin embargo, las limitaciones de nuestras FAS —y, en diferentes grados, las de muchos de nuestros aliados— son conocidas por los analistas militares de todo el mundo, restando valor disuasorio a España, a la Unión Europea y, en menor medida, también a la Organización del Tratado del Atlántico Norte (OTAN).

En el área de personal, la progresiva introducción de criterios para la conciliación de la vida laboral y familiar —un derecho de todos que se adapta muy mal a la organización del buque de guerra y a la estructura de la carrera de los profesionales de la Armada— se ha llevado a cabo sin alterar la una ni la otra. De ahí que, todavía hoy, cuando un buque sale para realizar operaciones se ve obligado a dejar en tierra a una parte de la dotación que ha participado en su adiestramiento previo, cubriendo los huecos con otros que no lo han hecho. Si durante las operaciones llegara a producirse un incidente grave, sería difícil explicar al pueblo español por qué la Armada prepara para una misión a unas personas y luego, en determinados puestos de la plantilla, envía a otras diferentes.

A más largo plazo, es también necesario estudiar cómo se califica profesionalmente a personas que, por haber ejercido con arreglo a la ley sus derechos laborales relacionados con la conciliación —lo que no debe ir en detrimento de su carrera profesional—, carecen de la experiencia militar o marinera que exige su empleo.

Los daños causados por el temporal

La escasez de recursos, sostenida durante un período tan prolongado, ha provocado carencias importantes en dos áreas críticas: la munición —particularmente los misiles—, embarcada en las unidades, y los repuestos, almacenados en los pañoles de todos los escalones de sostenimiento. Solo ahora empiezan a resolverse las penurias, con los considerables retrasos que en algunas cadenas de suministro ha provocado la guerra de Ucrania.

Igualmente importante es el retraso en los programas de modernización que la Armada necesita para estar a la altura de la evolución de la amenaza. La flotilla de submarinos tiene hoy una capacidad apenas marginal, que tardará en consolidarse con la llegada de las unidades de la serie 80, todavía programadas en número insuficiente. Las fragatas de la clase *Santa María*, que debían haber sido relevadas hace algunos años, ya no pueden considerarse más que grandes patrulleros oceánicos. La Infantería de Marina y el Arma Aérea han perdido o están a punto de perder capacidades críticas, parte de las cuales —como es el caso de los aviones AV-8B, los carros de combate y los vehículos de desembarco AAV-7— todavía no está previsto renovar.

La Armada también se resiente de los 15 años de abandono de la preparación para realizar operaciones de alta intensidad. La consecuencia más visible de esta política es el deterioro de las capacidades de guerra antisubmarina —se han dado de baja todos los helicópteros con sónar calable y los sistemas de escucha remolcados de los buques— y de guerra electrónica, particularmente en lo que se refiere a un área tan crítica como es la defensa antimisil. Otras consecuencias, como el retraso en la actualización de las tácticas y en la cualificación de los operadores, son más difíciles de percibir, pero no menos relevantes.

Igualmente importante ha sido la reducción, drástica en algunos años, de los días de mar, las horas de vuelo y el consumo de munición de todo tipo imprescindible para el adiestramiento. Aunque las circunstancias han mejorado mucho y se han ido recobrando los niveles de actividad adecuados, hará falta tiempo para que los conocimientos y, sobre todo, la experiencia de quienes hoy deben actuar como adiestradores de las nuevas generaciones de marinos, se vuelvan a situar a la altura en que estuvieron hace dos décadas.

LOS EFECTOS DE LA GUERRA DE UCRANIA

En estas circunstancias, de las que tardaremos en recuperarnos, la Armada tiene que afrontar de una forma creativa los desafíos del momento en que vivimos. Desde el punto de vista geoestratégico, la invasión de Ucrania ha vuelto a traer la guerra al este de Europa. Los buques españoles se han integrado en las flotillas de la Alianza Atlántica desplegadas en un dispositivo disuasorio —que incluye unidades de tierra, mar y aire— que debe estar a la altura de la amenaza que suponen las fuerzas armadas de Rusia. Aun sin tener en cuenta las armas nucleares, de difícil uso por el potencial disuasorio de las de la OTAN, los misiles antibuque, los aviones de gran radio de acción y los submarinos de quien todavía conserva el estatus de gran potencia, exigen mucho más que los viejos fusiles de los piratas y las pateras empleadas por las mafias de la inmigración.

Por si esto fuera poco, la guerra en Ucrania ha acelerado la carrera tecnológica y ha dado lugar a la entrada en servicio de nuevos sistemas, entre los que destacan las numerosas modalidades de drones, la munición guiada de gran alcance y los sofisticados equipos de guerra electrónica que se necesitan para defenderse de estas amenazas. Las tecnologías citadas, junto con la permanente revolución en las áreas de las comunicaciones y la informática, ofrecen a la Armada nuevas posibilidades para progresar, pero también suponen desafíos adicionales que es preciso superar.

Las dificultades, imposibles de predecir hace algunos años, son innegables. Pero, como suele decirse de los nacimientos, bien podríamos decir que la invasión de Ucrania ha llegado a la Armada con un pan bajo el brazo: el compromiso del Gobierno de alcanzar el 2 % de gasto en defensa, que ya ha dado fruto en la reactivación de importantes programas y la aprobación de otros nuevos.

Las necesidades: ¿cómo recuperar la Armada?

No es ningún secreto que los sistemas militares, que a menudo necesitan explotar los límites de la tecnología disponible en el momento de su concepción, exigen una financiación estable que permita abordar programas plurianuales útiles para las FAS y atractivos para la industria.

En la actualidad, y gracias en buena parte a los recientes incrementos presupuestarios acordados en el seno de la Alianza Atlántica, están en marcha importantes programas que permiten contemplar con optimismo el proceso de recuperación de muchas de las capacidades perdidas. Entre ellos, se encuentran:

- Cuatro submarinos de la clase *Isaac Peral* (S-80), de los cuales el primero ya ha sido entregado a la Armada. Finalizadas las evaluaciones preceptivas, el Ministerio de Defensa debería tomar una decisión sobre la posible ampliación del programa, ya que se trata de buques con exigentes requisitos de mantenimiento y el número parece escaso para cubrir todas las necesidades.
- Cinco fragatas de la clase *Bonifaz* (F-110), que empezarán a entrar en servicio al final de la década para reemplazar a las F-80. Estos buques, de capacidades polivalentes pero con una cierta orientación antisubmarina de la que carecen las fragatas de la clase *Álvaro de Bazán* (F-100), devolverán a la Armada un equilibrio muy necesario ahora que renace la posibilidad de que Rusia llegue a enfrentarse a la Alianza Atlántica.
- Ocho helicópteros MH-60R para reemplazar a los SH-60B de las F-80. Con ellos, recuperará la Armada los sónares calables, capacidad imprescindible que se perdió a principios de siglo, cuando se decidió la transformación de los SH-3D en helicópteros de transporte.
- En distintas fases de su proceso adquisitivo se encuentran otros programas menos mediáticos, pero imprescindibles para mantener la Armada en marcha. Entre ellos, cabe mencionar el buque de acción marítima (BAM) de investigación subacuática y salvamento de submarinos, los buques hidrográficos, el tren naval y los helicópteros NH-90 y H-135.

Igualmente importantes son algunas decisiones todavía pendientes que condicionarán la Armada que tendremos en las próximas décadas. La más crítica de ellas es la del reemplazo de los AV-8B, una necesidad urgente para la que solo existe un candidato, el F-35B, quizás poco atractivo en el contexto actual por su procedencia norteamericana. Pero no es la única. La futura corbeta europea, programa en el que participan Italia y Francia, entre otras naciones europeas, tiene las capacidades necesarias para reemplazar con ventaja a muchas de las unidades que la Armada ha ido dando de baja en los últimos años. En el ámbito anfibio, es momento de abordar la renovación de buena parte del material de la Brigada de Infantería de Marina, en reiteradas ocasiones pospuesta, y de plantearse la necesidad de un segundo LHD (*landing helicopter dock*) que cubra los períodos de mantenimiento del *Juan Carlos I*.

Para mantener el ritmo de renovación de la fuerza naval, evitando obsolescencias técnicas y tácticas, es imprescindible acelerar la puesta en marcha de nuevos programas, entre los cuales cabe mencionar el submarino S-90 —con mayor o menor urgencia dependiendo de la extensión del programa S-80—, la futura fragata F-120 y, con la vista puesta en las lecciones aprendidas en los últimos conflictos, nuevos programas de drones navales, y de vehículos de superficie y submarinos no tripulados.

Mientras fructifican los programas de las próximas décadas, ayudará a conservar las capacidades la mejora del sostenimiento, que no debiera limitarse a la reparación de averías. Considerando las plataformas como un todo, conviene recuperar la práctica, habitual en otras marinas, de la modernización de las unidades a media vida. Es esta una política rentable que, por falta de recursos, la Armada ha abandonado en las últimas décadas. En el mejor de los casos, las modernizaciones realizadas en algunas plataformas han visto su enfoque restringido a los sistemas imprescindibles para navegar con seguridad.

LÍNEAS DE FUTURO: MÁS DE LO MISMO... Y ALGUNAS COSAS NUEVAS

Con la vista puesta en un futuro más lejano, y tratando de evitar el síndrome —tan tradicional en los ejércitos— de preparar la guerra de ayer en lugar de la de mañana, parece imprescindible apostar por la única baza militar que Occidente tiene, hoy por hoy, asegurada: la tecnología.

A pesar de lo que ocurre en Ucrania —donde no hay que olvidar que la OTAN no participa en las operaciones y, por ello, faltan elementos imprescindibles del potencial de combate aliado, como el aéreo y el naval—, las FAS españolas necesitan explotar la ventaja que da la calidad en los sistemas de comunicaciones, la concentración del potencial de las unidades que hace posible el combate red o la precisión de las armas guiadas. La transformación digital, hoy día liderada en muchos aspectos por la empresa civil —internet de las cosas, *big data*, inteligencia artificial—, debe llegar también a la Armada, aplicándose no solo a la gestión, sino a la corrección de vulnerabilidades en áreas como la guerra electrónica, la energía dirigida o las plataformas no tripuladas.

En línea con la previsible evolución geoestratégica de nuestro entorno, España necesita seguir apostando por su industria de defensa y por los proyectos europeos. Pero sin olvidar que necesitamos a Estados Unidos, y no solo por razones políticas. Si se me permite el símil futbolístico, las naciones europeas pueden seleccionar un equipo naval de nivel medio, en el que no van a faltar ni defensas ni medios de contención, pero si se requiere un «crack» que lleve a la selección a la victoria en terrenos difíciles, hay que recurrir a la marina norteamericana. Los demás países, uno por uno, no tenemos recursos para realizar fichajes que marquen la diferencia.

Queda, por último, resolver un importante problema relacionado con las dotaciones. Si la Armada recupera los niveles de fuerza perdidos y, de acuerdo con los derechos laborales que se reconocen a sus miembros, se reduce la disponibilidad de su personal, es preciso reconsiderar su número, hoy insuficiente. Pero aún más importante —y sorprende tener que advertirlo a estas alturas— es concebir un sistema de preparación que permita que, más allá de su plantilla orgánica, las unidades desplieguen y, si es necesario, se enfrenten a un posible enemigo con el personal que ha sido adiestrado para ello, que no es otro que el que exige su plan de combate.

3. Dominio aéreo

RUBÉN GARCÍA SERVERT
Teniente General del Ejército de Aire y del Espacio (R)

RIESGOS Y AMENAZAS

ES MUY DIFÍCIL DISEÑAR un instrumento de defensa si no decimos públicamente para qué se diseña exactamente.

Es más, si se insiste en no llamar a las cosas por su nombre, se puede acabar disponiendo de un instrumento de respuesta que no sea adecuado para responder a las amenazas principales.

Esto es particularmente trágico en el dominio aéreo, en el que la velocidad y alcance de los medios del adversario exige un planeamiento minucioso y disponible en tiempo y calidad para responder a la amenaza. En lo aéreo no caben medios de respuesta genéricos, sino específicos en función de la previsible amenaza.

Además, pasaron ya los tiempos en los que el planeamiento militar podía hacerse de una manera más o menos secreta. Esto ha sido parte del problema en nuestro país.

Hoy, el planeamiento de defensa se hace, por exigencias de transparencia derivada de las responsabilidades democráticas de los ciudadanos, con luz y taquígrafos, abierto a una opinión pública que, al final, tiene que sostener las partidas presupuestarias que permitan hacerlo realidad.

Prioridad absoluta a la respuesta a la amenaza no compartida

Nuestro vecino del sur se configura cada día más como un adversario que crea inquietud; quizás siempre la ha creado.

Porque siempre fue claro en sus objetivos y firme en su determinación para lograrlos. Utiliza estrategias de zona gris cada vez más nítidas. Por ejemplo, usa la inmigración como mecanismo de coacción para el logro de su agenda política, a través de una enorme capacidad de control y movilización sobre la misma.

Ejerce un férreo control sobre la opinión pública, incluyendo en la ecuación su papel como líder religioso.

Está incrementando considerablemente sus capacidades militares, muy en especial las aéreas, lo cual relativiza nuestra disuasión y, además, acaba de renovar el tratado de defensa con nuestro principal aliado.

Tiene debilidades, pero es un hecho que ha incrementado en estos últimos años su libertad de acción, en un marco en el que el diferencial de capacidades con nuestro país no es el que era. La última adquisición de aviones F-16 bloque 70, de Mirage 2000-9 procedentes de Emiratos, helicópteros Apache y su solicitud a Estados Unidos de aviones F-35 muestran a las claras esta tendencia.

Podemos imaginar que el objetivo primario de su rearme sea su vecino magrebí, pero no cabe duda de que, como se ha dicho, este rearme reduce nuestro diferencial disuasorio, en el que descansa el elemento de fuerza de nuestra estrategia respecto a ese país. Mi percepción es que tenemos que planear nuestro dispositivo de defensa en términos de disuasión, dadas sus permanentes reclamaciones sobre territorios de soberanía española.

En mi opinión, para los próximos ocho años, la política de defensa de España debe girar, por tanto, esencialmente alrededor de la defensa no compartida. Lo anterior muy especialmente en temas aéreos, pues constituyen el núcleo de una disuasión creíble.

Tenemos aquí que dar un golpe claro de timón, pues el eje del planeamiento de nuestra defensa no puede seguir pivotando en torno a nuestra pertenencia a las alianzas de defensa y las misiones en el exterior, sino que urge dar el salto conceptual, que ya ha dado la Alianza Atlántica en el concepto estratégico de 2022 de Madrid, a la disuasión y defensa que, en nuestro caso, debe leerse en términos de prioridad absoluta al planeamiento no compartido.

Esta afirmación no cuestiona nuestra pertenencia y máximo compromiso con las alianzas de defensa a las que pertenecemos, sino que propugna un cambio de enfoque en nuestras prioridades relativas a los programas de armamento.

Mi propuesta es, por tanto, totalmente clara. Toda capacidad militar que no sea directamente utilizable —y necesaria— en la cuestión central de la respuesta a la amenaza no compartida, debe pasar a una segunda prioridad o, incluso, no ser adquirida. Asegurando, eso sí, una perfecta interoperabilidad con nuestros socios y aliados.

PRIORIDAD ABSOLUTA A LA INDUSTRIA NACIONAL

Esta posición aconseja igualmente dar una prioridad clara a la industria de defensa nacional, que nos asegure una tecnología lo más autónoma posible o, como mucho, desarrollada en consorcio, normalmente europeo.

Esto supone desarrollar la tercera pata de un planeamiento militar plenamente coherente con la realidad de nuestros principales riesgos y amenazas, que debe llevar al diseño de una fuerza con plena libertad de acción frente a esas amenazas y, por tanto de diseño y fabricación lo más españoles posible. La posibilidad de que haya limitaciones de uso operativo de nuestro material aéreo debe ser un factor decisivo en nuestro esquema de adquisiciones de material.

El segundo paso, por tanto, sería determinar cuál es la respuesta adecuada a estos riesgos y amenazas, y proceder con un planeamiento de largo plazo al diseño y producción de las capacidades militares. Estos desarrollos necesitan tiempo, de modo que parece esencial una programación y presupuestación plurianual de la defensa, y una cierta paciencia estratégica en la obtención, que dé margen temporal a la producción nacional.

El siguiente paso será unos correctos despliegue, disponibilidad y entrenamiento de estos medios, que nos permitan asegurar la superioridad aérea adecuada al planeamiento operativo.

En este sentido, como ya se ha comentado, el factor determinante es la libertad de acción en el uso de nuestras capacidades, pues históricamente ha habido limitaciones al respecto, que no deben ser olvidadas.

NÚMERO DE EFECTIVOS

Es, a fecha de hoy, la debilidad mayor de nuestras Fuerzas Armadas. Los efectivos han ido decreciendo y las misiones aumentando hasta un punto en que la situación no es sostenible.

En particular, en el Ejército del Aire, la creciente demanda sobre sus misiones y la mayor complejidad técnica de los sistemas, hacen que el número de efectivos actual esté muy por debajo del mínimo imprescindible.

LA SUPERIORIDAD AÉREA COMO OBJETIVO

Asumiendo que el dominio del aire es imposible, tenemos que ser capaces de consolidar una superioridad aérea en el lugar y tiempo en que nos pueda ser necesaria frente al adversario.

Si partimos de este factor de planeamiento, tenemos que dar una vuelta a nuestras capacidades de combate. Capacidades que no son solamente medios de combate aislados, sino, como ya se ha dicho, un sistema equilibrado, con personal suficiente en calidad, cantidad, formación y actitud ante el combate que les haga un equipo coherente y motivado y, además, perfectamente interconectado con las demás fuerzas intervinientes en el teatro de operaciones.

En mi opinión, los temas de personal, empezando por un cambio profundo en las mentalidades y mantener la exigencia en la formación moral y técnica de los miembros de las Fuerzas Armadas, exigen iniciativas específicas en los próximos años. La gestión de personal exige criterios de selección y promoción estrictamente basados en mérito y capacidad; lo contrario crea núcleos de malestar incompatibles con el código de valores de la institución.

Toda actuación en el dominio aéreo debe realizarse en el marco de actuaciones multidominio, y para ello tenemos que crear los sistemas y las mentes, las formas de hacerlo, integrando dominios como el cognitivo, el espacio y el ciberespacio. En este sentido, tiene plena razón de ser la asunción por parte del Ejército del Aire de las responsabilidades sobre el dominio espacial.

El problema de lo anterior es un punto de partida en el que no terminamos, ni siquiera, de aunar nuestras actuaciones. La actuación operativa en multidominio requerirá importantes esfuerzos para que llegue a ser efectiva y despliegue todo su potencial.

LÍNEAS DE FUTURO

- El punto de partida es el reconocimiento de que las alianzas no cubren totalmente todos nuestros riesgos y amenazas.
- Consecuencia lógica es la necesidad de hacer de la defensa no compartida el eje del diseño de nuestras Fuerzas Armadas, en las que la fuerza aérea es el núcleo de la disuasión por disponer de medios para una respuesta inmediata.
- Debemos explotar imaginativamente acuerdos bilaterales, a partir de unas excelentes relaciones con todos los aliados y vecinos.
- Seguimos teniendo el problema de la falta de asunción por parte de muchos ciudadanos de su responsabilidad en materia de defensa. El Centro de Investigaciones Sociológicas es tozudo mostrando esta realidad, no tanto en materia de inversión en defensa como de voluntad de defensa a riesgo propio. Este tema es capital y, por tanto, hay que trabajarlo, y para ello debiéramos empezar hablando a la opinión pública con claridad de riesgos y amenazas.
- El diferencial con nuestros posibles adversarios es menguante, incluso en un escenario de aumento presupuestario.
- La presupuestación anual nos lleva a ineficiencias, agravada por una ley de contratos del Estado que hace ineficiente el proceso. Convendría imaginar soluciones más flexibles, vigentes en países de nuestro entorno.
- Hay que dar a la industria nacional el tiempo necesario para su desarrollo. Si se intenta disponer inmediatamente de capacidades, no hay más solución que comprar en el extranjero, con las posibles limitaciones operativas que ello supone.
- Hace falta una mayor voluntad política de actuar en todos estos temas, empezando por una atención específica al tema de defensa nacional en todos los programas electorales.

Conclusiones

- España tiene que asegurar su defensa, y no debe ignorar reclamaciones territoriales de un adversario expansionista. Hay que hacer responsable de la respuesta a este desafío al ciudadano de a pie, presupuestos, aliados bilaterales, una Alianza Atlántica que es el eje de nuestra defensa, pero en determinados asuntos es insuficiente, lo que nos lleva a la necesidad urgente de centrarnos en la defensa no compartida y una apuesta decidida por una defensa europea creíble.
- Una Unión Europea con responsabilidades definidas en defensa colectiva constituye una buena noticia para España desde todos los puntos de vista, por más que la responsabilidad esencial de la defensa es propia e irrenunciable.
- Hay que implementar una didáctica política buena y razonable en cuatro pasos:

   — En temas de defensa hay que apartar la demagogia, hay que hablar con claridad en un lenguaje llano y directo.
   — Se debe empezar a explicar reiteradamente que los valores y las libertades, nuestro Estado de derecho, nuestro sistema democrático, son conceptos que merece la pena mantener y entregar a las futuras generaciones.
   — Hay que recordar que la libertad es la excepción, y que no se sostiene por sí misma. Entre todos hemos construido un sistema de libertades que hay que defender, porque las libertades se defienden o se pierden. En este sentido, cada ciudadano tiene una responsabilidad individual.
   — Necesitamos afianzar los mecanismos que permitan la integración multinacional en las alianzas de defensa para las amenazas globales, teniendo en mente que, de cara al futuro, nuestra integración en materias de defensa más natural será con nuestros (todos o algunos) socios de la Unión Europea. Esa apuesta tiene que ponerla España siempre sobre la mesa.
   — Finalmente, hay que proclamar sin rubor que España está y estará siempre dispuesta a defenderse por sí misma, si ello fuera necesario, y con todos los medios a su alcance. En esto consiste la disuasión y, con ella, la salvaguardia de la paz con nuestros vecinos.

4. Dominio del espacio ultraterrestre

Ignacio Bengoechea Martí

Teniente general del Ejército del Aire y del Espacio (R)

EL DOMINIO ESPACIAL PROBABLEMENTE sea el más parecido a los dominios clásicos; lo es mucho más seguramente que el cibernético y que el cognitivo.

En primer lugar, quiero remarcar el *boom* espacial en el que estamos inmersos ahora mismo, que es tremendo. Hay que transmitir el sentido de urgencia y de necesidad de que España, como ya lo están haciendo muchos países, tome acción sin demora en este campo. Nada es superfluo en lo que se refiere al espacio, todo es relevante, porque afecta a la vida de todos los ciudadanos. El espacio nos ocupa a todos y nos ocupa cada día más. Así, el cambio de nombre del Ejército del Aire (EA) ha sido uno de los primeros pasos que se han tomado y era absolutamente vital.

Daré algunos datos sobre la importancia que tiene el espacio en estos días, pero no solamente para las Fuerzas Armadas, sino para la sociedad en general. En el contexto de la seguridad, estamos viviendo también un momento trascendental, y es importante que todos seamos conscientes de que hemos pasado de un mundo en el que el espacio era un posibilitador o facilitador de las operaciones militares, a otro donde el espacio es un dominio como tal, reconocido por todos los países, donde tienen lugar o donde van a tener lugar con seguridad operaciones militares que tendrán repercusión para todos los ciudadanos.

Pero el escenario es aún más complejo, pues no solamente hay contendientes estatales, sino que grandes empresas han irrumpido en el espacio con una potencia descomunal y que, al igual que las naciones, pujan por sus derechos para el uso del espacio, de las órbitas, de las explotaciones mineras en el espacio, del turismo espacial, etc. Baste decir, por ejemplo, que a fecha 24 de abril de este año 2024, Starlink había lanzado ya más de 4200 satélites y tiene ahora mismo 3900 en órbita. Así que todo esto, junto con la mínima o ninguna normativa que existe relativa al espacio, hace que efectivamente podamos afirmar que el dominio espacial es un auténtico polvorín.

En este capítulo seguiremos este esquema: en primer lugar, comenzaremos por remarcar la importancia del espacio en nuestro entorno, dentro y fuera de las Fuerzas Armadas; luego, señalaremos el cambio de denominación del Ejército del Aire y del Espacio, del porqué y en base a qué, y explicaremos que no responde a ningún capricho. En este punto, debo señalar que todo lo expuesto se basa en lo aprendido en el Estado Mayor del Aire, de modo que quiero dar mi reconocimiento a todos los que han trabajado conmigo en el Estado Mayor durante los últimos tiempos.

Analizaremos cuál es la estrategia espacial de las Fuerzas Armadas españolas, que no está aprobada todavía, pero sí comentaremos la estrategia espacial del Ejército del Aire y del Espacio que servirá para el desarrollo de una estrategia espacial para el conjunto de las Fuerzas Armadas.

Hablaremos también de las capacidades nacionales del *space domain awareness* (SDA), ya que es lo que ahora mismo más nos preocupa: saber lo que está pasando en el espacio. Al hilo de este tema, aprovecharemos para dar unas pinceladas sobre los protocolos de alertas espaciales que tenemos actualmente en España.

Luego, muy rápidamente, pasaremos a comentar algunos aspectos sobre la Unión Europea, qué es lo que está haciendo en este contexto. Y finalmente hablaremos sobre algo que consideramos muy importante: la Agencia Espacial Española, que he vivido en primera persona, porque siendo segundo jefe del Estado Mayor he trabajado junto con Miguel Belló, que era el representante del Ministerio de Ciencia, para su creación; entre los dos, junto con nuestros equipos, hemos hecho posible la génesis de esta Agencia, que deberá tener muchísima trascendencia para el futuro de nuestra nación.

La importancia del espacio

Como hemos apuntado antes, parece que no todos somos conscientes de la enorme dependencia que tenemos actualmente del espacio. Hay estudios y vídeos que llaman mucho la atención sobre cómo sería un día de nuestras vidas sin usar los medios que tenemos en el espacio. Existen informes que afirman que cualquier ciudadano, en un día normal de su vida, usa de promedio unos 40 satélites. Es muy importante que los ciudadanos entiendan que el espacio tiene una trascendencia importantísima para su vida; que el desarrollo, la prosperidad y el bienestar de nuestras sociedades requieren que hagamos una explotación del dominio espacial y que seamos capaces de proteger nuestros activos espaciales.

Desde el punto de vista militar, tampoco se puede entender ya la operación de las Fuerzas Armadas sin el uso del ámbito espacial. ¿Por qué? Porque el ámbito espacial nos da comunicaciones seguras para, por ejemplo, acometer nuestros despliegues en el exterior. En este sentido, los satélites SpainSat y XTAR-EUR, que en breve van a dejar de estar operativos, ya tienen previsto su relevo por otros dos satélites para garantizar nuestras comunicaciones. Ellos son garantes de la seguridad de nuestros soldados cuando están más allá de nuestras fronteras. Tenemos también cubierta la inteligencia, la vigilancia y el reconocimiento con el satélite PAZ, que en breve será apoyado también con el programa CSO (Composante Spatiale Optique) francés, y que nos proporcionará la inteligencia estratégica y táctica que necesitamos para la toma de decisiones a nivel táctico y estratégico.

Finalmente, otra capacidad muy importante basada en el espacio es la de posicionamiento, navegación y tiempo (PNT), que pueden estar basados en el GPS (con dependencia de Estados Unidos) o en Galileo (de la Unión Europea), que a su vez puede incorporar el PRS (Public Regulated Service) para garantizar la confidencialidad de los servicios al usar un sistema encriptado.

También podemos citar algunos activos espaciales más, como la constelación IRIS 2 de comunicaciones o la constelación Atlántica para PNT, que España y Portugal está desarrollando bajo conceptos y programas amparados por la Unión Europea. Ya no se entiende nuestra vida personal o profesional sin los apoyos que estos satélites nos proporcionan.

Estos son algunos de los sistemas que tenemos actualmente en uso. Respecto a los medios que vamos a tener en el futuro relacionados con la seguridad, la actual Secretaria de Estado de Defensa dijo en el Congreso de hace un año en Santander que el Gobierno tenía previsto invertir 4000 millones de euros en 20 años, es decir, 200 millones de euros por año en capacidades espaciales. Particularmente, creemos que a través de la European Space Agency (ESA) seremos capaces de obtener mucho más dinero si somos capaces de gestionarlo y si aprovechamos las tecnologías duales.

Tanto o más que nosotros, otros países y empresas están invirtiendo mucho en el espacio, y lo cierto es que estamos siendo testigos de una realidad: el espacio está sufriendo una transformación muy significativa. Se ha convertido en dominio de confrontación entre las grandes potencias y entre grandes compañías privadas que pugnan por un acceso y uso de un espacio cada vez más congestionado y disputado. El acceso al espacio de nuevos actores en la llamada «democratización del espacio» o también *new space*, unido a la actual escasez de normativa y legislación en el ámbito espacial que mencionábamos antes, abonan el terreno para posibles enfrentamientos, tanto comerciales como militares, en el espacio (¿con posibles emplazamientos de armas en el espacio?).

Pasemos ahora a mostrar algunas estadísticas para corroborar el *boom* del dominio espacial.

En el año 2021, el número de lanzamientos fue de 148; en 2022 fueron 192 lanzamientos y este año va muy por encima de 192. En cuanto a satélites desplegados, en el año 2021 había 1700 y en el 2022 se contabilizaron 2400. Esto significa que de 2021 a 2022 se ha producido un incremento del 30 % en lanzamientos y del 35 % en satélites desplegados. Pero si hacemos la comparación a lo largo de toda la década anterior, vemos que en lanzamientos se ha producido un incremento del 250 % y en satélites desplegados un aumento del 1800 %.

Con este incremento exponencial, en diez años estaremos rondando cifras de decenas de miles de satélites en órbita. Viendo estos datos, ¿alguien duda que las Fuerzas Armadas deban involucrarse cada día más en este dominio?

Si me permiten, yo utilizaría el símil de internet. Hace tan solo dos décadas, el mundo comenzaba a interconectarse y las conexiones eran muy lentas; hoy en día, es inimaginable nuestra vida sin los servicios que proporciona internet. Nadie duda ahora de que internet es un dominio operacional que crece sin parar, donde se vive un enfrentamiento diario y en el que las Fuerzas Armadas se encuentran absolutamente implicadas. Respecto al número de objetos lanzados al espacio, en 2021 alcanzamos más de 1800 y en 2022 fueron casi 2400. La pendiente de crecimiento es espectacular.

En cuanto a basura espacial, respecto a útiles o trozos de cohetes orbitando sin control, solo en la órbita más baja el número está en torno a 9000, y el total es del orden de 12 000. Pero si se cuenta cualquier tipo de resto que circula libremente por el espacio, la ESA calcula que hay más de 130 millones de objetos de tamaño superior a 1 mm, que a lo mejor no es capaz de destruir un satélite, pero sí puede afectar seriamente a su supervivencia o a su desempeño.

Hablemos ahora de la evolución del coste para poner un kilogramo de carga de pago en el espacio.

Si hablamos, por ejemplo, del Space Shuttle en los 80 del siglo pasado, vemos que estábamos en 70 000 dólares por kilogramo aproximadamente, pero si nos centramos en el Falcon 9 de SpaceX de 2010, el coste está en torno a los 3000 dólares por kilogramo. Esta tremenda disminución del coste de poner cargas útiles en el espacio está animando a los inversores y contribuye a explicar el *boom* que estamos experimentando en el dominio espacial.

RIESGOS Y AMENAZAS

Pero debemos tener en cuenta que en este desarrollo acelerado y exponencial, tanto en medios como en tecnología, hay riesgos y amenazas que debemos conocer para asegurar nuestra libertad de acceso, y defender y proteger nuestros intereses como nación. Consideramos riesgos los eventos naturales no intencionados, como son las tormentas solares o el incremento de basura espacial en las órbitas bajas. Sin embargo, las amenazas son eventos intencionados que nuestros adversarios pueden llevar a cabo para disminuir o impedir nuestra capacidad de actuar en o desde el espacio. Veamos las diferentes amenazas que pueden sufrir los medios espaciales y los diferentes grados de afectación operativa que pueden experimentar. El ejemplo más reciente fue ejecutado por Rusia en noviembre de 2021, que lanzó un misil antisatélite para demostrar que dispone de esta capacidad. El misil destruyó un satélite (en este caso propio) y produjo más de 1500 fragmentos catalogados como basura espacial, y que ahora suponen un riesgo para los sistemas en órbitas bajas. Pero no hay que remitirse a ejemplos tan «flagrantes»; veamos lo que dijo la ministra francesa de Defensa Florence Parly relativo a un incidente espacial en el año 2017:

> «Mientras Athena-Fidus continuaba girando sobre la tierra, un satélite se le acercó, muy cerca, demasiado cerca. Tan cerca, que dedujimos que realmente estaba tratando de captar nuestras comunicaciones. Intentar escuchar a tus vecinos no solo es hostil, es un acto de espionaje. Este incidente no sucedió hace mucho tiempo, tuvo lugar en 2017. El satélite espía se llama Louch-Olymp, un conocido satélite ruso. Lo continuamos monitorizando y hemos observado que continúa maniobrando activamente sobre otros objetivos, pero mañana, ¿quién dice que no volverá a uno de nuestros satélites?»

Se nos plantea entonces la pregunta de si estamos preparados para responder a una agresión en el espacio y si disponemos de planes de contingencia al respecto. La respuesta, hoy, es no. Por tanto, es de vital importancia impulsar nuestra capacidad de conocer qué sucede en el espacio para poder proteger y defender nuestros intereses en él.

COLABORACIÓN PÚBLICO-PRIVADA

Es necesario ser consciente del papel de Starlink en el conflicto en Ucrania, así que me gustaría incidir en el tema de la colaboración público-privada. El uso de la constelación de satélites de Elon Musk está demostrando, en una situación real, la viabilidad de adaptar y usar capacidades comerciales en un entorno militar operativo y, por tanto, la utilidad de establecer colaboraciones entre las organizaciones gubernamentales y el sector privado para aumentar la resiliencia en las capacidades estratégicas de una nación. Podemos poner como ejemplo de este tipo de colaboración en España, el Convenio entre el EA y Deimos Engineering and Systems para la ubicación de un telescopio de seguimiento en las instalaciones del EA, que está en proceso de firma. El EA recibirá como prestación los datos de detección de este telescopio o de cualquier otro perteneciente a Deimos.

En algunos debates relativos a la contribución del espacio a la seguridad, se cuestiona también el papel de las *start-ups* en el futuro en contraposición a los grandes fabricantes de satélites. En mi opinión, las grandes compañías ofrecen fiabilidad, mientras que las *start-ups* brindan inmediatez. Seguramente, en una adecuada combinación de ambas aportaciones se encuentra la clave para una óptima contribución a la seguridad.

Pasamos a continuación a hablar del cambio de nombre del EA, que se produjo en junio de 2022. Este cambio de denominación muestra la importancia que, normativamente, se le ha ido dando al espacio. Es importante señalar que las estrategias nacionales, tanto la Estrategia de Seguridad Aeroespacial Nacional de 2019, como la Estrategia de Seguridad Nacional (ESN) de 2021, allanaron el terreno para propiciar el cambio de denominación. La primera marcaba como línea de acción el fortalecimiento de los organismos nacionales —públicos y privados— para hacer frente a las diversas amenazas y desafíos propios del espacio aéreo y ultraterrestre. Había que desarrollar esta acción y así se ha incluido, como luego veremos, en la Estrategia Espacial del Ejército del Aire. La Estrategia de Seguridad Nacional de 2021 definía que es esencial garantizar la seguridad, no solo del espacio aéreo, sino también del espacio ultraterrestre en un marco compartido y orientado a prevenir los riesgos y amenazas existentes.

Vista la importancia creciente del espacio ultraterrestre, el propio Real Decreto de cambio de denominación concretaba que «el EA deberá ser capaz de monitorizar el espacio, garantizando su seguridad y libertad de actuación en pro de los intereses nacionales». Vemos, por tanto, que es imprescindible conocer qué ocurre en el espacio para detectar posibles amenazas y tomar las decisiones oportunas; y, consecuentemente, será necesario poder operar en él, inicialmente para proteger nuestros activos espaciales, pero sin descartar más adelante la realización de acciones de respuesta en caso de que fuera necesario. Por consiguiente, el EA está llamado a asumir, como ya lo hace en el espacio aéreo, el papel de liderazgo en el mando y control, y en la coordinación de las capacidades espaciales militares.

Pero no estamos solos en esta aventura espacial, ya que seguimos los pasos de nuestros aliados, que en los últimos años han ido modificando sus estructuras. En 2019, Estados Unidos creó la fuerza espacial como un nuevo servicio independiente de los ya existentes para concentrar en una sola entidad los recursos y las misiones operativas. En Francia se creó el Mando de Espacio y se propuso que l´Armée de l'Air cambiara su denominación a Armée de l'Air et de l'Espace (el cambio fue efectivo en septiembre de 2020). En 2021, Italia creó el Mando de Operaciones Espaciales. Alemania estableció el Mando Espacial dentro de la Bundeswehr, y el Reino Unido dispuso de su Mando Espacial en su estructura conjunta. También en 2019, la Organización del Tratado del Atlántico Norte (OTAN) aprobó la «NATO Space Policy» y declaró el espacio como dominio operacional. En 2020, creó en Ramstein el Centro Espacial de la Alianza, y en octubre de ese mismo año aprobó la creación de un Centro de Excelencia Espacial, que se localizará en Toulouse. Las recientes cumbres de Madrid y Vilna han concluido con referencias concretas al dominio espacial y ya se contempla como un elemento indispensable para la defensa y disuasión de la Alianza, al tiempo que se considera que un ataque en este dominio puede suponer la activación del artículo 5 (cumbre de Bruselas de 2021).

Pasemos ahora a dar un rápido repaso a la Estrategia Espacial del Ejército del Aire, que será el germen de la estrategia de las FAS. En ella se establecen líneas de acción que permitan poner a disposición del jefe de Estado Mayor de la Defensa (JEMAD) los recursos necesarios para afrontar eficazmente los nuevos retos en materia espacial. Contiene cuatro objetivos estratégicos que resumimos brevemente.

Como primer objetivo, se ha identificado la necesidad de dotar al EA de los organismos que le permitan ejercer el liderazgo dentro de las FAS en el ámbito espacial. Recientemente se ha creado el Mando del Espacio, con la ambición de dirigir, coordinar y gestionar los recursos espaciales, optimizando los esfuerzos realizados por las diferentes unidades y centros de las Fuerzas Armadas. Este Mando, integrado en la estructura orgánica del EA para su preparación y adiestramiento, tendrá una dependencia operativa del JEMAD a través del Mando de Operaciones para la vigilancia diaria y para caso de crisis o conflicto. Constituye el primer paso para la consecución de una capacidad de Mando y Control espacial, y en breve se designará a un general del EA y del Espacio como jefe del mismo y previamente a la designación del resto de personal que formará parte de este Mando.

Ello debería conllevar, indefectiblemente, un necesario incremento de personal (formado en el ámbito espacial) en las FAS y, muy particularmente, en el seno del EA. ¿Hay otra alternativa? No hay otra posibilidad, y esto es algo que tiene que entender absolutamente todo el mundo. Para acometer las necesidades de formación de ese personal en materia espacial, se impulsará la creación de un pilar específico de formación en tecnologías espaciales para lograr los perfiles profesionales que se requieran.

El segundo objetivo se basa en reforzar nuestra incipiente capacidad de vigilancia y seguimiento espacial con los recursos necesarios para garantizar la seguridad en el espacio. Es imprescindible disponer de una visión completa de la situación en el espacio que pueda detectar las amenazas, catalogarlas y, en lo posible, realizar la atribución de posibles actos maliciosos (de abajo arriba). Esta capacidad es esencial para proteger los intereses nacionales, por lo que debemos avanzar, a medio y largo plazo, para afianzarla.

El tercer objetivo está centrado en reforzar la capacidad de obtención de información desde el espacio, con sensores que cubran todo el espectro, desde el visual e infrarrojo hasta el electromagnético (de arriba abajo). Así buscamos satisfacer las necesidades de información para la elaboración de inteligencia militar y apoyar las peticiones de información que otros organismos del Estado pudieran requerir, y que es un aspecto esencial en el proceso de toma de decisiones de alto nivel.

Por último, el cuarto objetivo pretende disponer de la capacidad completa para explotar de forma segura el espacio como ámbito de operación en beneficio propio, y para ello debemos contar con un sistema de mando y control espacial dedicado. Un sistema que nos permita obtener y distribuir la información y las órdenes a quien proceda, proteger nuestros activos espaciales y, en el futuro, articular operaciones de respuesta si fuera necesario.

En la actualidad, lo que más nos atañe es mirar hacia arriba, entender qué está pasando en el espacio (es lo que denominamos el *space domain awareness*). Esta actividad constituirá también el germen de lo que en el futuro pueda ser un sistema de mando y control espacial, y es lo que se está realizando a día de hoy en el Centro de Operaciones y Vigilancia Espacial (COVE, ubicado en la Base Aérea de Torrejón) con el apoyo del radar espacial situado en la Base Aérea de Morón. Este radar es un proyecto de la Unión Europea junto con el

CDTI (Centro para el Desarrollo Tecnológico y la Innovación), y está en proceso de modernización y mejora.

En este sentido, debemos participar —y estamos participando de hecho— en los programas espaciales en la Unión Europea: programas EDIP (European Defence Industry Programme), como el INTEGRAL para mando y control, y el SAURON para sensores, así como en todas las iniciativas PESCO (Permanent Structured Cooperation) como la de Defense of Space Assets.

Finalmente, merece una mención especial la coordinación segura entre el tráfico aéreo y el tráfico espacial. La gestión del tráfico aéreo convencional (ATM) en coordinación con la gestión del tráfico aéreo espacial (STM) suena a película de ciencia ficción, pero es real como la vida misma y ya es objeto de estudio por parte de los Ministerios de Transporte y de Defensa. Volveremos sobre este tema cuando hablemos del protocolo de alertas espaciales.

En otro orden de cosas, ya hemos mencionado las novedades introducidas tanto en la OTAN como en la normativa nacional. En la misma línea, la Unión Europea está desarrollando su propia normativa y doctrina. Así, primero vio la luz la denominada Brújula Estratégica y, posteriormente, la Estrategia Espacial de Seguridad y Defensa Europea, aprobada el 10 de marzo de 2023, que marca las siguientes líneas de acción:

1. Desarrollar e invitar a los países miembros a participar en un Programa Espacial de la Unión Europea para obtener una autonomía estratégica.
2. Dotarse de las herramientas necesarias para aumentar su capacidad comunitaria de *space surveillance and tracking* (SST) y, consiguientemente, de *space domain awareness* (SDA).
3. Reforzar la acción a escala internacional con una ley del espacio de la Unión Europea (que todavía no existe) y fomentar la cooperación con Estados Unidos y con la OTAN.
4. Elaborar un concepto militar para el uso del espacio, encargándole al Estado Mayor de la Unión Europea (EUMS) que lleve a cabo los estudios necesarios.

Mencionamos anteriormente la STM, y precisamente en relación con la STM traemos a colación el Protocolo de Alertas Espaciales, que fue aprobado por el Consejo de Seguridad Aeroespacial a finales de 2022. La carencia de un sistema de STM y eventos como las re-entradas del cohete chino CZ-5B (del 9 de mayo de 2021 y también del 4 de noviembre de 2022) hicieron necesaria la puesta en marcha de un protocolo de alertas espaciales en España para establecer mecanismos de coordinación y canales de comunicación ágiles que garanticen el funcionamiento integrado del Sistema de Seguridad Nacional y la difusión oportuna de la información de seguridad espacial entre los diferentes organismos con competencias en la seguridad aeroespacial.

En el protocolo se contemplan tres niveles en función del riesgo que se afronte, y la Célula de Coordinación Nacional —con representantes de los distintos organismos con responsabilidades (Ministerio del Interior, Ministerio de Transporte, Ministerio de Ciencia, Ministerio de Hacienda, Agencia Estatal de Meteorología [AEMET] y Ministerio de Defensa)— propone las acciones que se han de emprender para mitigar los riesgos que acarrea cada potencial incidente. Entre los puntos de contacto permanente para el intercambio de información y coordinación, por parte de Defensa está el Centro de Situación (SITCEN) del propio Ministerio y el COVE. Sin duda, en el futuro próximo se incorporará a este protocolo el recién creado Mando del Espacio.

En el caso de la reentrada del cohete chino CZ-5B del 4 de noviembre de 2022, se activó este Protocolo y se tomó como decisión cerrar temporalmente un sector del espacio aéreo español como medida de precaución. Este incidente tuvo un efecto considerable en el tráfico aéreo general. Impacta ver la enorme implicación de este protocolo para todos los actores involucrados y para las relaciones internacionales (no hay que olvidar que el tiempo de paso de un objeto orbital por cada país se mide en segundos, y que son muchos los países sobrevolados). Finalmente, aunque el cohete sobrevoló nuestro territorio en su última órbita, la re-entrada final se produjo en el océano Pacífico, y no tuvo consecuencias.

Finalmente, haremos un breve repaso de la puesta en marcha de la Agencia Espacial Española, cuya sede estará en Sevilla por acuerdo del Consejo de Ministros del 5 de diciembre de 2022 (fue la candidatura ganadora de las 21 presentadas):

- La Agencia se anunció en la ESN 2021, con un componente dedicado a la Seguridad Nacional, para dirigir el esfuerzo en materia espacial, coordinar de forma eficiente los distintos departamentos nacionales con responsabilidades en el sector espacial, y unificar la colaboración y coordinación internacional.

- El 5 de septiembre de 2022 se autorizó la creación de la Agencia, que tendrá un carácter de agencia estatal y que estará adscrita a los Ministerios de Ciencia e Innovación y de Defensa. Esta doble adscripción ha implicado «importantes» discusiones sobre el carácter prioritario que deben tener ambos departamentos en su nivel de representación, composición y estructura (el autor de este capítulo participó activamente en las discusiones).

- Uno de los primeros pasos que tendrá que dar la Agencia será la elaboración de una política espacial nacional que establezca las prioridades en este ámbito, y que coordine y ordene las acciones para alcanzarlas.

- Como órgano de gobierno, la Agencia contará con una presidencia, y un consejo rector como órgano colegiado de la agencia (donde estarán representados los ministerios y organismos con competencias en espacio).

- En la estructura básica, se cuenta con una Dirección de Seguridad y Planificación, cuya jefatura la ostentará Defensa (ya se ha designado a un general del EA). Esto permitirá al Ministerio de Defensa controlar que la elaboración de una política espacial nacional, como eje principal de actuación de la Agencia, sea coherente con las prioridades en el ámbito de la seguridad y defensa.

Me gustaría resaltar aquí, más allá de las consideraciones políticas que hayan podido rodear a la creación de la Agencia y la ubicación de su sede, que esta constituye una oportunidad única para dotarnos de una creíble capacidad espacial nacional. El apoyo gubernamental en los próximos años ha de ser decidido y sostenido, dotándole de los recursos y herramientas necesarias para que se convierta en el auténtico elemento vertebrador de nuestra política industrial y de seguridad en el espacio. La Administración tendrá que ser generosa a la hora de apoyar a la Agencia.

Para terminar, recopilamos las principales ideas que hemos querido destacar:

1. El espacio es un dominio crucial para la vida en las sociedades occidentales y está sufriendo una transformación muy significativa.

El *new space*, junto a la escasez de normativa y legislación en el ámbito espacial, abona el terreno para posibles enfrentamientos. No estamos hablando de ciencia-ficción, sino de algo rabiosamente actual; me atrevería a decir que vamos ya por detrás de los acontecimientos.

2. En el ámbito de la seguridad y la defensa, ya no se puede entender la actuación cotidiana de las FAS sin contar con las capacidades que el espacio nos proporciona: SATCOM (comunicación por satélite), posición, navegación y *timing*, inteligencia, etc.

3. Las FAS deben dotarse de las capacidades necesarias para garantizar, de forma autónoma y también en coordinación con sus aliados, el libre acceso al espacio y la defensa de los servicios comerciales y de seguridad que nuestra nación necesita. Repito, necesita.

4. El EA, con la creación del Mando del Espacio, ha dado el primer paso para la consecución de una capacidad de mando y control que, inicialmente, se centrará en el conocimiento del dominio espacial. A largo plazo, habrá que aspirar a ser capaces de realizar operaciones defensivas y de respuesta en el espacio, para lo cual habrá que disponer de un robusto sistema de mando y control espacial.

5. El espacio se ha convertido en un importante catalizador de las relaciones internacionales. España tiene que tomar un papel activo tanto en el seno de la OTAN como en el de la Unión Europea, manteniendo un decidido apoyo político a la estrategia espacial europea y participando en los programas que la Unión tiene en marcha en este dominio.

6. Por último, la Agencia Espacial Española ofrece una clara oportunidad para desarrollar las capacidades industriales, comerciales y de seguridad y defensa que necesitamos. Desde las más altas instituciones del Estado se debe apoyar su puesta en funcionamiento y su labor como elemento vertebrador de la política nacional en el dominio espacial, armonizando los programas nacionales, regulando la actividad del sector y liderando la representación en organismos internacionales.

5. Uso militar del ciberespacio

ENRIQUE CUBEIRO CABELLO
Capitán de navío (R), Director de Ciberseguridad de Ghenova

CIBERESPACIO, NUEVO ÁMBITO DE LAS OPERACIONES MILITARES

SI HICIÉRAMOS UN RECORRIDO POR LA HISTORIA de los conflictos armados, llegaríamos a una conclusión tan simple como categórica: en cada momento de la Historia, el ser humano ha combatido con las armas y en los ámbitos en los que la tecnología disponible se lo ha permitido.

Y hemos de ser conscientes de que desde el origen de los tiempos se ha combatido sobre el terreno y los espacios marítimos, pero que en poco más de un siglo hemos incorporado otros cuatro nuevos ámbitos a las operaciones militares: el aéreo, el espacial, el ciberespacial y el cognitivo, por lo que no podemos descartar que en unos pocos años nuestras Fuerzas Armadas combatan en ámbitos que hoy en día no estamos en condiciones de concebir ni imaginar.

Podemos hablar así de ciberguerra, entendida como el conflicto que se desarrolla principalmente en el ciberespacio o a través de él, con algo que hemos dado en llamar ciberarmas, pero que, como veremos, no está nada claro que respondan a la naturaleza de arma que establecen las normas que constituyen el Derecho internacional de los conflictos armados.

En cualquier caso, el objetivo de las fuerzas que combaten en este nuevo ámbito es el mismo de siempre: asegurar la libertad de acción de las fuerzas propias y negárselo o dificultárselo al adversario.

A partir de aquí, es fácil entender que desde el primer momento haya tratado de aplicarse al ciberespacio todo aquello que funcionaba en el resto: los principios doctrinales, los conceptos operacionales, de mando y control, los modelos organizativos, de reclutamiento, de formación y adiestramiento o de obtención del recurso de material.

Pero muy pronto se descubrió que esa traslación no iba a resultar sencilla. Y es que el ciberespacio presenta un gran número de singularidades que lo hacen completamente diferente del resto de ámbitos en los que operan las Fuerzas Armadas:

- Continua expansión: en primer lugar, se trata del único ámbito completamente artificial. Y también, a diferencia del resto, el único en continua expansión. Crece el número de los dispositivos que lo conforman, y las redes, los sistemas y las interconexiones entre ellos, y, por supuesto, los datos. Y todos ellos de forma geométrica o exponencial: así, por ejemplo, los dispositivos conectados a internet (unos 40 000 millones ahora mismo) se multiplican por tres cada cinco años, y los datos procesados se duplican cada dos años, dato este que impresiona, puesto que significa que cada 24 meses se origina, procesa y almacena tanta información como en toda la Historia precedente de la humanidad.

  Todo esto implica que el territorio a defender crece en consonancia (exponencialmente), en tanto que el de los medios para su defensa lo hacen de forma casi lineal. Es decir, cada día se agrava (exponencialmente) la brecha existente entre lo que unos pueden atacar y los otros son capaces de defender.

- Ciberdependencia: el ciberespacio se ha convertido en un elemento esencial para la seguridad pública, el desarrollo social, el bienestar económico y la seguridad nacional de todos los países avanzados, al apoyar todo el espectro de actividades de la población, empresas y organismos de los Estados. En el primer mundo, no hay una sola actividad de importancia que no dependa en mayor o menor medida del ciberespacio: comunicaciones, finanzas, logística, ocio, transporte, movilidad, vigilancia, seguridad, investigación científica, etc. Y ello implica, a su vez, que no hay ningún sector de actividad que no esté libre del enorme riesgo potencial que constituyen las ciberamenazas.

- Infinidad de objetivos: y si hace unos pocos años se consideraba que los objetivos de las ciberamenazas eran los sistemas IT (Tecnología de la Información) y la información que procesaban, hoy en día el espectro de objetivos alcanza todo lo imaginable: las infraestructuras críticas, el internet de las cosas, las redes sociales, las personas y, cómo no, las plataformas militares, que ya no son otra cosa que conglomerados de *hardware* y *software* que disparan, navegan o vuelan.

- Infinidad de vulnerabilidades explotables: como ámbito de naturaleza artificial, construido por el hombre, es tan imperfecto como frágil. Los elementos que lo componen y su empleo están sujetos a infinidad de vulnerabilidades explotables que abarcan los planos físico, lógico y humano: fallos de fabricación, de configuración, de arquitectura, de programación, emanaciones no deseadas, puertas traseras, funcionalidades de doble uso, interconexiones inadecuadas, accesos mal protegidos, desconocimiento, falta de concienciación, malicia, etc.

- Infinidad y heterogeneidad de los actores: el ecosistema de ciberamenazas es tremendamente variado, además de muy numeroso. En la parte más baja de la pirámide, encontramos a los *script kiddies*, individuos que emplean herramientas básicas y que carecen de los conocimientos técnicos necesarios para desarrollar productos propios. Su capacidad se limita a acciones simples, como robo o craqueo de contraseñas.

En un estrato superior se encuentran los *black hat pro*, individuos con conocimientos técnicos avanzados, capaces de desarrollar modificaciones a productos existentes y de llevar a cabo acciones más complejas: ingeniería social, *phising*, *pharming*, *spoofing*.

Ya en la parte alta aparecen los grupos organizados que cuentan con individuos con conocimientos técnicos especializados avanzados, capaces de desarrollar productos propios, generalmente en el campo del crimen organizado (*crime as a service*) o del «hacktivismo».

Y desde hace unos años, en la cúspide del ecosistema, aparecen las agencias gubernamentales, que cuentan con importantes recursos humanos, materiales y económicos, capaces de desarrollar armas y ataques muy sofisticados que les permiten llevar a cabo un enorme abanico de acciones intrusivas con un alto grado de anonimato.

- Motivaciones muy diversas: actores que, además, responden a muy variadas motivaciones, entre las que prevalece la económica, pero entre las que también encontramos la ideológica, el ansia de poder, el deseo de conocer o el impulso de vencer al adversario.

- Frenética evolución: ningún otro ámbito presenta una evolución tan rápida como el ciberespacial. Cada día se descubren nuevas formas de explotar las vulnerabilidades, de evadir las protecciones y de ocultar las acciones, imposibilitando su trazabilidad. En este contexto, los atacantes llevan siempre la iniciativa, obligando a las defensas a adoptar patrones muy reactivos, muchas veces inefectivos o insuficientes.

- Opacidad: se trata de un ámbito muy opaco, en el que es muy difícil conocer las intenciones del adversario, así como sus capacidades; en el que hay una absoluta carencia de alerta previa, en tanto no hay —a diferencia del resto de ámbitos— fenómenos observables que nos permitan anticipar las acciones del adversario.

  Además, el ciberespacio concede unas facilidades enormes para el anonimato y el uso de infraestructuras de terceros, lo que propicia ataques de bandera falsa, dificulta la comprensión situacional y hace especialmente difícil la gestión de las crisis.

- Transversalidad: el ciberespacio tiene una muy acusada naturaleza transversal. Su calidad de ámbito operacional significa que lo que en él ocurre tiene enorme repercusión en los otros. Es fácilmente entendible que el que un virus deje inoperativo un sistema de mando y control o que el enemigo obtenga acceso a información operacional clasificada son hechos que pueden tener profundas y graves repercusiones en una operación terrestre o aeronaval. Sin embargo, no parece tan probable que la destrucción de una base o la pérdida de un buque o aeronave provoquen un trastorno equivalente en el ámbito ciberespacial. Hoy en día, se comprende perfectamente que esa transversalidad del ciberespacio abre un nuevo frente de vulnerabilidad para las unidades especializadas en el combate en los otros ámbitos operacionales. Y en el diseño y construcción de las nuevas unidades, se asume que una fragata, un cazabombardero o un satélite de comunicaciones deben considerar un ciberataque como algo tan potencialmente dañino como un torpedo o un misil, y seguramente más probable.

- Diferente marco espacio-tiempo: espacio y tiempo tienen significados muy diferentes que en el resto de los ámbitos. No hay que desplazar fuerzas a territorio enemigo, las armas no requieren lanzadores y sus desplazamientos no pueden detectarse mediante el despliegue de sistema clásicos de sensores. Si en el resto de dominios lo más cercano suele ser lo más peligroso, en el ciberespacio la importancia de la ubicación es poco menos que residual. El mayor peligro puede estar en las antípodas y actuar en cuestión de segundos, que es el tiempo en el que un sistema puede resultar comprometido por un *malware*.

- Armamento muy peculiar: las fuerzas que combaten en el ciberespacio lo hacen con herramientas y técnicas que no se ajustan bien a la definición clásica de arma y ataque. Hay, incluso, quienes cuestionan la naturaleza de armas de lo que, en esencia, es código informático. Además, la capacidad ofensiva (efectividad del arma) depende de la existencia de vulnerabilidad explotable, factor altamente cambiante en el tiempo, y que puede depender de la aplicación de un simple parche o actualización *software* que corrija la vulnerabilidad que ese código explotaba.

  Por otra parte, los efectos de una acción ofensiva en el ciberespacio son muy difíciles de predecir. Tenemos infinidad de ejemplos de cómo un *malware* diseñado para un ataque quirúrgico contra un sistema concreto ha producido efectos colaterales dañinos en sistemas muy apartados geográficamente, en muchos casos de naturaleza civil, pertenecientes a otros Estados, y hasta mucho tiempo después.

- Imposibilidad de un control del armamento: también resulta diferente al resto de ámbitos el grado de control que del armamento puede hacerse; en este caso, ninguno. Los «ciberarsenales» resultan absolutamente opacos, en tanto se constituyen, fundamentalmente, con fragmentos de código informático, cuya existencia y ubicación es imposible de detectar y de verificar. Por otra parte, ni siquiera podemos hablar de armamento de la misma forma que lo hacemos en el resto de los ámbitos, pues en muchas ocasiones se trata de herramientas de las que puede inferirse un doble uso (por ejemplo, para la realización de ejercicios o test de penetración). Otro aspecto diferencial es quién está en posesión de ese armamento: mientras en los ámbitos convencionales el armamento altamente destructivo se halla casi por completo en poder de las fuerzas armadas, en el ciberespacio se encuentra repartido entre infinidad de actores, muchos de los cuales no tienen un carácter estatal.

- Bajo coste/elevada eficacia: un ciberataque puede resultar muy barato con relación a los potenciales efectos. Efectos que pueden llegar a ser comparables operativamente a los de un ataque cinético, pero sin ninguna de sus connotaciones negativas: destrucción física, bajas, etc. Por otra parte, hasta el sistema más sofisticado y mejor protegido presenta vulnerabilidades explotables, por lo que un actor motivado y persistente acabará casi siempre por encontrar la forma de atacarlo.

- Asimetría: si hay un ámbito en el que David puede derrotar a Goliat, ese es el ciberespacio. Al menos, es el único en el que un actor aparentemente insignificante puede provocar mayores daños. Tenemos ejemplos de adolescentes con acné que han provocado incidentes muy graves que han afectado a infraestructuras críticas o servicios esenciales, cuyas medidas de protección no siempre son las que debieran en función de su criticidad e importancia.

- Importancia crítica del elemento humano: siendo el ciberespacial el ámbito operacional más tecnificado y en el que la evolución tecnológica se produce de manera más rápida, nos encontramos con la paradoja de que es en el que el elemento humano resulta más determinante y, al mismo tiempo, más complicado de obtener y retener. Lo efímero de las tecnologías, la rápida evolución de las amenazas y la continua aparición de nuevas formas de explotar vulnerabilidades, obligan a un permanente esfuerzo de especialización y actualización de conocimientos, en tanto que la expansión del ciberespacio lleva a que las fuerzas de defensa deban proteger una superficie cada vez más extensa y más vulnerable. La fuerte demanda de especialistas de ciberseguridad en el sector privado, los elevados sueldos y las condiciones laborales atractivas suponen un continuo goteo de personas muy cualificadas del mundo militar al civil que resulta muy difícil de contrarrestar.

- Muy variadas formas de actuación: a través del ciberespacio es posible desarrollar un amplio espectro de acciones contra el adversario que, de menor a mayor severidad, irían desde la vigilancia digital, que equivaldría a un reconocimiento no intrusivo, hasta una acción de sabotaje en forma de ataque contra la integridad de los datos en un sistema que tuviera como consecuencia directa efectos destructivos en el plano físico (explosión, rotura) e, incluso, pudiera provocar daños a las personas. En una gradación media, tendríamos el reconocimiento intrusivo, la inserción de *malware*, actividades de ciberespionaje, la denegación de servicios o una alteración o borrado de datos que no tuviera consecuencias destructivas en el plano físico.

- Muy amplio rango de efectos: el ciberespacio permite una gradación de efectos que abarca desde la intensidad más leve hasta un grado comparable al que podría lograrse por medio de un ataque con armamento nuclear. Este último sería el caso de ciberataques masivos contra infraestructuras críticas y servicios esenciales de un Estado que provocaran un efecto cascada. Es decir, abarca todo el espectro de efectos, en tanto con armamento convencional no es posible alcanzar un rango tan alto, ni efectos tan nimios con armas nucleares. Al menos, esa es la teoría.

- Muy compleja integración en la Common Operational Picture: en el resto de los ámbitos operativos, el conocimiento de la ubicación y movimientos de las unidades adversarias resulta fundamental para definir el dibujo operacional sobre el que el comandante de la operación tomará sus decisiones. Sin embargo, esos parámetros nada significan en el ciberespacio, en el que lo que importa son cosas de naturaleza muy diferente, como pueden ser protocolos, direcciones IP, velocidades de transmisión, sistemas operativos, etc. Por tal motivo, resulta prácticamente imposible alcanzar una representación que abarque de forma coherente y simultánea los ámbitos convencionales y el ciberespacio. Ello, sumado a la escasa visión de lo que ocurre tanto en el ciberespacio rival como neutral, dificulta notablemente la toma de decisiones.

- Muy complejo marco legal: los diferentes intentos de incluir el ciberespacio dentro del marco legal de los conflictos armados nos lleva a afirmar que existe absoluto consenso en cuanto a que el Derecho internacional de los conflictos armados debe aplicar en el ciberespacio, pero bastante desacuerdo en cuanto al cómo debe hacerlo. Aspectos como ataque armado, combatiente legítimo, proporcionalidad, responsabilidad de los Estados o derecho a la legítima defensa están siendo desde hace años objeto de encendida controversia entre los expertos.

- Enorme dificultad para la atribución: la facilidad para el uso de medios de terceros, el anonimato, la suplantación y la imitación dan lugar a una muy compleja trazabilidad de las acciones. Y sin trazabilidad no puede haber atribución. Y si un Estado desconoce no solo la identidad sino, incluso, la naturaleza del atacante, difícilmente puede iniciar acciones contra él.

- Complejidad del ejercicio de la legítima defensa: a lo anterior se suma la dificultad para definir el umbral que desencadena el derecho a la legítima defensa (que debería ser, como en el resto de los ámbitos, el del ataque armado). Pero al no haber consenso en lo que significa ataque armado en el ciberespacio, difícilmente puede establecerse dicho umbral.

- Ineficacia de la disuasión: y es este, fundamentalmente, el motivo de que la disuasión funcione tan mal en el ciberespacio y el quid de la línea argumental que preside este trabajo, ya que la imposibilidad de identificación del agresor anula la posibilidad de la disuasión por represalia, trasladando toda la carga a la disuasión por negación (es decir, a la aplicación de medidas de protección y resiliencia sobre las redes y sistemas propios que reduzcan la posibilidad de éxito del atacante), lo que resulta claramente insuficiente frente a actores persistentes, motivados y altamente cualificados.

- Permanente e intensa actividad hostil: la suma de todos estos factores y circunstancias, y algunos más que por su menor importancia y limitaciones de tiempo hemos tenido que obviar, son los que explican el porqué de esa permanente e intensa actividad hostil que tiene lugar en el ciberespacio, con independencia de que nos encontremos en tiempo de paz, de crisis, de conflicto o guerra declarada. Algo que ni de lejos ocurre en el resto de los ámbitos operativos, en los que ningún actor trata —de forma reiterada y persistente— de vulnerar los espacios de soberanía o de atentar contra los intereses y elementos críticos de otro.

Es fácilmente comprensible por qué un ámbito absolutamente transversal y en el que la atribución de las acciones es prácticamente imposible resulte especialmente indicado para la ejecución de todas las actividades de eso que se ha dado en llamar guerra híbrida, y que yo entiendo como el empleo coordinado y sincronizado de todas las capacidades de un Estado para atacar y erosionar a otro sin rebasar jamás el umbral que pueda desencadenar el derecho a la legítima defensa del agredido. Ciberataques, propaganda, desinformación, etc., todas estas actividades emplean de forma profusa el ciberespacio y suponen una amenaza cada vez más seria a la paz mundial.

CIBEREJÉRCITOS

Podemos definir un ciberejército como la parte de las fuerzas armadas especializada en el combate en el ciberespacio o a través de él.

La aparición de unidades especializadas en el combate en el ciberespacio es bastante reciente. De todas ellas, la más potente es el US Cyber Command, que se crea en el año 2008 y alcanza su FOC (Final Operation Capabilities) en el 2010.

En España, como todos saben, el Mando Conjunto de Ciberdefensa se crea en el año 2013 y se ubica en la madrileña base de Retamares. Tuve el honor de ser el primer jefe de operaciones y puse mi granito de arena en un despegue muy complicado, magníficamente liderado por el general Carlos Medina.

En pocos años, todas las naciones de nuestro entorno se dotan de capacidades para la ciberguerra, en algunos casos con plantillas y presupuestos muy importantes.

Pero, en paralelo, también otros actores comienzan a dedicar ingentes recursos a un ámbito en el que algunas de esas singularidades vistas lo hacen especialmente adecuado para sus intereses.

Es el caso de China, Rusia, Corea del Norte, Irán o Venezuela, que cuentan con capacidades tan importantes como activas.

LA DIMENSIÓN CIBERESPACIAL DE LOS CONFLICTOS

Mientras que existe una amplísima experiencia en el combate en los ámbitos convencionales, resulta aún muy escasa en el ciberespacio. Apenas hemos vivido conflictos en los que se haya combatido de forma intensa en este nuevo ámbito o en los que haya desempeñado un papel crucial en el transcurso de la contienda. Incluso el conflicto sobre el que existía más amplio consenso en cuanto a que el ciberespacio iba a jugar un papel absolutamente determinante, la guerra de Ucrania, está resultando muchísimo más parecido a la I Guerra Mundial que a esa ciberguerra cuyo imaginario procede casi por completo de la literatura y el cine. O, al menos, eso es lo que puede haber parecido desde fuera.

Y, dado que los analistas militares tienen la mala costumbre de aplicar las lecciones aprendidas en la guerra N para tratar de ganar la $N + 1$, es posible que obtengamos del conflicto de Ucrania la enseñanza errónea de que el ciberespacio es todavía un dominio de importancia residual en los conflictos armados, y que así va a seguir siendo por algún tiempo. A mi juicio, está claro que no va a ser así y que, aunque pueda no resultar cierto en algún caso aislado, el peso promedio de la dimensión ciberespacial en el devenir de los conflictos irá siendo cada vez mayor por la simple y poderosa razón de que la dependencia de las operaciones militares en las capacidades que emplean y explotan el ciberespacio no hace otra cosa que crecer.

Desde el año 2014, Ucrania lleva sufriendo en sus carnes la acción permanente e intensa de las unidades rusas de ciberguerra y ciberespionaje, que convirtieron el ciberespacio ucraniano en algo así como su campo de maniobras particular, desplegando todo tipo de *malware* y practicando todas las técnicas de ataque contra todo el parque de las infraestructuras críticas y de los servicios esenciales ucranianos.

También han hecho profuso empleo de redes sociales, mensajería e internet para lanzar campañas de intimidación y de desinformación contra la población y las fuerzas armadas ucranianas, y que, en alguna ocasión, han tenido también como objetivo las fuerzas de la Organización del Tratado del Atlántico Norte (OTAN) desplegadas en zonas próximas al conflicto.

A pesar de esa intensa actividad desarrollada desde el año 2014, a partir de la invasión se incrementa de tal forma la actividad hostil que entre febrero y marzo de 2021 se registran tantos ataques y acciones maliciosas rusas sobre infraestructuras y servicios ucranianos como en los siete años precedentes.

E, incluso, se aprecia una notable coordinación entre el desarrollo de la campaña en el ciberespacio y la que ocurre en el mundo físico. Sin embargo, la supuesta supremacía rusa es incapaz de producir unos efectos determinantes sobre el ciberespacio ucraniano, que resiste la embestida sorprendentemente bien. Y un análisis superficial podría llevarnos a pensar —a mi juicio erróneamente— que ello ha sido porque el ciberespacio se diluye cuando rugen los cañones.

Si hacemos una comparativa entre lo que la mayoría de los analistas vaticinaban y lo que realmente ha ocurrido, nos encontramos con que las campañas de ciberataques que se suponía que iban a colapsar el ciberespacio ucraniano en cuestión de horas tuvieron efectos muy limitados. Y algo parecido ha ocurrido con la supuesta arrolladora superioridad en el dominio del relato: sorprendentemente, Rusia nunca llegó a llevar la iniciativa en la guerra de la desinformación y ha acabado casi por funcionar a la defensiva y en modo reactivo. Pero todo esto no ha sido, precisamente, porque en el ciberespacio no haya pasado gran cosa, sino por todo lo contrario. Han pasado tantas, que Ucrania ha conseguido llevar a unas tablas lo que al principio de la contienda se evaluaba como supremacía del rival.

Las posibles claves de este sorprendente resultado son muchas. La primera, obviamente, el gran apoyo con todo tipo de recursos que Ucrania ha recibido de Estados Unidos, la mayoría él a través de las grandes empresas que dominan el espectro de la ciberseguridad.

Pero también puede atribuirse una parte a la explotación, con un espíritu rompedor, audaz, valiente e imaginativo, por parte de Ucrania de todas las posibilidades que ofrece la tecnología, lo que ha contrastado con el acusado anacronismo ruso en todos los ámbitos operacionales. Y es que Ucrania ha empleado todos los recursos imaginables para mantener vivo su ciberespacio, a través de una defensa heroica de los accesos a internet y la telefonía móvil. Incluso ha sido capaz de transformar inocentes aplicaciones en potentes armas de recopilación de inteligencia a las que ha contribuido toda la ciudadanía.

Por otra parte, Rusia parece no haber sido capaz de dar más; quizás como consecuencia del secretismo con el que se preparó la invasión, que puede haber sorprendido incluso a sus propias fuerzas, o a causa del agotamiento por pérdida del factor sorpresa, tras siete años de jugar siempre a lo mismo. También es posible que Rusia se haya contenido al percibirse altamente vulnerable a través del ciberespacio, o por el temor a posibles daños colaterales sobre otros Estados que pudieran servir como excusa a otros actores para tomar parte en el conflicto.

Mando Conjunto del Ciberespacio

El Mando Conjunto del Ciberespacio (MCCE), evolución del anterior Mando Conjunto de Ciberdefensa (MCCD), es la unidad de nuestras Fuerzas Armadas especializada en las operaciones en el ciberespacio.

En lo que respecta a ciberdefensa, los cometidos del MCCE y los del anterior MCCD son esencialmente los mismos, si bien la nueva unidad ha asumido también la mayor parte de los de la extinta División CIS (Sistemas de Información y Comunicaciones) del Estado Mayor Conjunto (EMACON), muchos de ellos de elevado perfil técnico y asociados a aspectos con cierta relación con la ciberdefensa, pero que puramente no lo son: EW (Electronic Warfare), CIS, Mando y Control. Es decir, que a pesar de que el MCCE duplica los efectivos respecto al MCCD, los dedicados a ciberdefensa apenas han variado.

El MCCE está integrado en la estructura operativa de las Fuerzas Armadas y su comandante depende orgánica y operativamente del jefe de Estado Mayor de la Defensa (JEMAD), si bien está bajo control operativo (OPCON) del CMOPS (Comandante del Mando de Operaciones) en la misión permanente de defensa del ciberespacio de responsabilidad, siendo su ámbito de actuación las redes y sistemas TIC del Ministerio de Defensa, así como aquellas que eventualmente pudiera tener encomendadas por afectar a la defensa nacional.

El MCCE es responsable del planeamiento y ejecución de las acciones de ciberdefensa en el ámbito de actuación antes mencionado, así como de contribuir a la respuesta adecuada en el ciberespacio a amenazas o agresiones que pudieran afectar a la defensa nacional.

Además, el MCCE constituye el Equipo de Respuesta a Emergencias Informáticas (CERT) militar (ESPDEF-CERT).

Si analizamos su estructura orgánica, podemos apreciar que en el fondo responde a la clásica concepción de un ejército, conformada por un cuartel general, una fuerza y un apoyo a la fuerza.

Actualmente, el MCCE ocupa tres edificios de la Base conjunta de Retamares, pero ya se han dado los pasos necesarios para dotarlo de nuevas infraestructuras que permitan un importante incremento de su plantilla durante los próximos años.

Los cometidos del MCCE en materia de ciberdefensa son bastantes, y ninguno de ellos sencillo. El primero, y sin duda el más importante, la defensa y restauración de los sistemas de su responsabilidad. En principio, los pertenecientes a las Fuerzas Armadas, pero que como hemos visto puede ser ampliado a otros que se le encomienden por afectar a la seguridad nacional.

También le corresponde la obtención, análisis y explotación de información sobre ciberataques a los sistemas de su responsabilidad y, llegado el caso, la respuesta oportuna, legítima y proporcionada ante ataques o agresiones en el ciberespacio.

Además, dirige y coordina la actividad de los diferentes centros de seguridad de las Fuerzas Armadas, ejerce la representación del Ministerio de Defensa, lidera la cooperación con otros organismos nacionales e internacionales en materia de ciberdefensa, y es responsable de dirigir y coordinar la concienciación, la formación y el adiestramiento avanzado en ciberdefensa de todas las Fuerzas Armadas.

El escaso recorrido y las muchas peculiaridades que hemos ido viendo dan lugar a que existan, diez años después de su creación, muchos aspectos que, desde mi punto de vista, aún no están bien definidos o resueltos, y que abarcan prácticamente todos los factores del MIRADO (material, infraestructura, recursos humanos, adiestramiento, doctrina y organización). Tomo como referencia nuestro Mando Conjunto, pero me consta que la mayoría de los países de nuestro entorno se encuentran en situación muy similar. En lo referente al dimensionamiento, todavía no tenemos claro si vamos hacia una fuerza de entidad numérica de tres o cuatro cifras. Si la naturaleza de las unidades debe ser puramente operativa o tener también otro tipo de responsabilidades (por ejemplo, técnicas, logísticas, etc.). Algo ya bastante más asentado parece el encuadramiento orgánico, y contamos ya con alguna publicación doctrinal, tanto a nivel nacional como OTAN (pero a las que, a mi juicio, les queda bastante margen de mejora). La limitada y lenta integración de la ciberdefensa en la capacidad operativa conjunta puede explicarse por el general desconocimiento de lo que las fuerzas de ciberdefensa son capaces o no de hacer, de los medios que requieren, los plazos, etc. Tampoco está resuelto, como ya hemos mencionado, y creo que va a ser muy complicado conseguirlo, integrar la Cyber Operational Picture en la COP (Common Operatinonal Pictures), por los motivos ya expuestos.

Todo lo que rodea al recurso de personal resulta también muy complejo: ¿reclutamiento directo o desde los ejércitos? ¿Cómo podemos retener a un personal tan altamente demandado por el mundo civil? Hay que definir un modelo de carrera coherente y que provea unas buenas expectativas profesionales. Es necesario establecer especializaciones dentro de lo «cíber», lo que exige una clara definición de perfiles y competencias, que en muchos casos requerirán ir asociados a una certificación. Muy ligado a lo anterior, es necesario crear una estructura que permita proveer con formación de calidad y adiestramiento realista en el ámbito de más rápida evolución tecnológica y de la amenaza, algo que puede empezar a resolverse con la creación de la nueva Escuela de Ciberdefensa. Y, por último, un asunto que considero crucial: el reparto de competencias entre el mundo CIS y Ciberdefensa.

CONCLUSIONES

Como conclusión de todo lo expuesto, podemos afirmar que el ciberespacio está ya fuertemente consolidado como un ámbito más de las operaciones militares, pero sobre cuyo empleo existe aún muy escasa experiencia.

Que se trata de un ámbito muy peculiar (en continua expansión, rápida evolución, transversal, opaco, con infinidad y heterogeneidad de actores, con muy difícil aplicación del Derecho internacional, ineficacia de la disuasión), por lo que se requiere una aproximación muy diferente a las que han funcionado en el resto de los ámbitos operativos, por lo que aún quedan muchas cosas por asentar y definir apropiadamente.

Que todas las naciones están desarrollando capacidades para operar en el ciberespacio.

Que al hablar de fuerzas especializadas en el combate en el ciberespacio nos encontramos con que la cantidad cuenta, y mucho (efectivos, presupuesto), y que el elemento humano cualificado/especializado es lo más esencial y difícil de conseguir.

A pesar de que la guerra de Ucrania parezca decir lo contrario, el ciberespacio va a desempeñar un papel cada vez más decisivo en el devenir de los conflictos, y que la libertad de acción en el ciberespacio (internet, telefonía, satélites, etc.) es imprescindible para la operatividad de las Fuerzas Armadas y la subsistencia de la nación.

Enrique Cubeiro Cabello

Por tanto, es fundamental dedicar importantes recursos a fortalecer la resiliencia, protección y defensa de las redes, servicios esenciales e infraestructuras críticas, y resulta imprescindible prepararse con tiempo y dotarse de personal y capacidades militares que permitan realizar operaciones defensivas y ofensivas en el ciberespacio.

Por último, y dado que gran parte de la amenaza es compartida a nivel global, la colaboración civil-militar, público-privada e internacional es fundamental y clave para el éxito.

6. Operaciones militares en el ámbito cognitivo, las operaciones multidominio por excelencia

Jesús Gutiérrez Gallego
Teniente coronel del Ejército del Aire
(División de Estrategia del Estado Mayor Conjunto)

EXISTEN SEIS ÁMBITOS DE OPERACIONES sobre los que es posible operar, cuatro son físicos (tierra, mar, aire y espacio) y dos son no físicos (ciberespacial y cognitivo). Estos ámbitos no físicos son transversales a los físicos y también entre sí.

En estos seis ámbitos, operan los instrumentos de poder del Estado, los cuales incluyen los poderes diplomático, económico, de la información, social y militar. Su objetivo es producir efectos en uno o varios de los ámbitos, con la finalidad de configurar un Estado final deseado en un sistema o sociedad. Es decir, se busca influir en la configuración del entorno para obtener resultados favorables.

ÁMBITO COGNITIVO

El cognitivo es un ámbito intangible que está inherentemente ligado a la naturaleza humana. Puede ser considerado de forma individual, socializada u organizada, y está estrechamente relacionado con la capacidad de juicio y toma de decisiones de las personas. En este ámbito finalmente se produce la generación e interiorización de ideas de los individuos, y así la persona establece un mapa mental del mundo que le rodea siguiendo procesos de percepción. Según la publicación doctrinal conjunta española 01 (PDC-01), la percepción es la interpretación subjetiva, la elaboración personal o la representación mental que se deriva de la interiorización de la información y los estímulos recibidos del entorno.

Actualmente, los conflictos se desenvuelven tanto antes como después del conflicto armado en lo que se conoce como la «zona gris». La operación en esta zona busca configurar el espacio de batalla tanto antes como después del conflicto armado. Las acciones en la zona gris se sitúan al margen del principio de buena fe entre los Estados y pueden alterar significativamente la situación de normalidad, aunque no cruzan los umbrales que permitirían una respuesta armada.

Es importante destacar que, en términos generales, los occidentales tienen una aproximación al conflicto basada en la lógica de observar, estudiar y definir. Por otro lado, otros actores adoptan una lógica de observar, aprender y aplicar. Esta diferencia cultural y de enfoque en el conflicto tiene un elevadísimo impacto en la forma y velocidad en que unos y otros desarrollan formas de actuación en un ámbito novedoso como el cognitivo.

Un ejemplo relevante en este sentido es la doctrina Gerasimov, desarrollada por las Fuerzas Armadas de la Federación Rusa debido a su inferioridad de capacidades frente a las de la Organización del Tratado del Atlántico Norte (OTAN). Para compensar esta, Rusia ha adoptado una aproximación híbrida en los conflictos, utilizando la insurgencia: las PMC y las PSC (corporaciones militares privadas y de seguridad privada, respectivamente, por sus siglas en inglés), los *proxies*, las acciones cibernéticas y la explotación de las diferencias internas, así como actuaciones económicas para aproximarse a los conflictos en defensa de sus intereses.

Los espacios globales comunes —el ciberespacio, el espacio aéreo, el marítimo y el espacio ultraterrestre— resultan especialmente propicios para llevar a cabo acciones en la zona gris debido a su fácil acceso y la débil regulación que los caracteriza. Estos espacios brindan oportunidades para realizar acciones de difícil atribución que generan efectos por debajo del umbral del conflicto armado.

En el enfrentamiento cognitivo, los efectos perseguidos incluyen la alteración de la percepción y la búsqueda de la superioridad en la toma de decisiones. Se busca influir e interferir en cómo se perciben los eventos y las situaciones, con el fin de generar efectos en todos los niveles, desde el táctico al estratégico.

En el área de enfrentamiento cognitivo se ha desarrollado doctrina tanto a nivel aliado como nacional. En el ámbito aliado, se han desarrollado el AJP (Allied Joint Publication)-3.10 (Doctrina Conjunta Aliada para Operaciones de Información), el AJP-10 (Comunicaciones Estratégicas), el AJP-10.1 (Operaciones de Información), el AJP-10.2 (Operaciones Psicológicas) y el AJP-10.3 (Asuntos Públicos Militares). También se ha redactado el MC 422/6 de la OTAN sobre Operaciones de Información.

A escala nacional, se han desarrollado el concepto exploratorio del ámbito cognitivo y el concepto operativo de actuación de la Fuerza Conjunta en el ámbito cognitivo. Estos conceptos buscan realizar una primera aproximación nacional al ámbito del conflicto cognitivo y a cómo afrontar este desde la perspectiva de la Fuerza Conjunta.

En el enfrentamiento cognitivo, la observación y la orientación se basan en el análisis del entorno de la información. El entorno de la información se define como el conjunto de la información misma, los individuos, las organizaciones y los sistemas que reciben, procesan y transmiten información, así como el espacio cognitivo, virtual y físico en el que esto ocurre.

La aproximación a la operación en el entorno del enfrentamiento cognitivo se hace desde el modelo OODA (observar, orientar, decidir, actuar).

El análisis del entorno de la información busca generar conciencia situacional a través de la producción de una *cognitive picture*, es decir, una imagen cognitiva que refleje la situación y los factores relevantes para la toma de decisiones.

ACCIONES EN EL ENFRENTAMIENTO COGNITIVO

La toma de decisiones coherente en el enfrentamiento cognitivo se guía mediante la comunicación estratégica, que integra todas las capacidades de comunicación, técnicas y funciones de información con otras actividades militares. Su objetivo es comprender y modelar el entorno de la información en apoyo del logro de los objetivos del comandante de la misión.

Las acciones en el enfrentamiento cognitivo pueden llevarse a cabo en cualquiera de los ámbitos mencionados, puesto que el ámbito cognitivo debe considerarse el campo de las operaciones multidominio por excelencia, en el que es preciso integrar y coordinar acciones en todos los ámbitos para lograr efectos en el cognitivo. Las operaciones de información coordinan estas acciones para crear los efectos cognitivos deseados. Dentro del ámbito de la comunicación, estos se materializan mediante acciones de comunicación militar pública y operaciones psicológicas.

La comunicación militar pública se encarga de promover los objetivos y propósitos militares ante las audiencias para aumentar la conciencia y comprensión de los aspectos militares de una operación. Su objetivo es influir en la percepción a través de la información pública.

Por otro lado, las operaciones psicológicas son actividades planificadas que utilizan métodos de comunicación y otros medios dirigidos a audiencias aprobadas, con el fin de influir en las percepciones, actitudes y comportamientos que afectan al logro de los objetivos políticos y militares. Su objetivo es influir e interferir en la percepción mediante la desinformación y la persuasión. Las operaciones ciberespaciales también son relevantes en el enfrentamiento cognitivo. Se definen como acciones realizadas en el ciberespacio o a través de él con el propósito de preservar la libertad de acción amistosa en este entorno y crear efectos para alcanzar los objetivos de los comandantes. Estas operaciones buscan influir e interferir en la percepción mediante la desinformación, la persuasión y la preservación de la superioridad en la toma de decisiones.

Además de las acciones específicas en cada ámbito, el *engagement* a todos los niveles persigue influir en la percepción mediante la interacción personal. La presencia, la postura y el perfil también tienen como objetivo influir en la percepción de los actores involucrados en el conflicto.

RESUMEN

En resumen, en el contexto del enfrentamiento cognitivo, se identifican seis ámbitos de operaciones, incluyendo los físicos y los no físicos. Sobre ellos operan los instrumentos de poder del Estado con el objetivo de configurar un Estado final deseado en un sistema o sociedad. El ámbito cognitivo, inherente al ser humano, desempeña un papel fundamental en la percepción y la toma de decisiones. Los conflictos se desarrollan en una zona gris antes y después del conflicto armado, donde se realizan acciones que alteran la situación de normalidad sin cruzar los umbrales para una respuesta armada. Las estrategias y los enfoques de operación en la zona gris varían entre los distintos actores, y ejemplos como la doctrina Gerasimov muestran cómo integrar acciones de todo tipo operando en la zona gris en defensa de los intereses propios. Los espacios globales comunes son propicios para las acciones en la zona gris debido a su fácil acceso y débil regulación. Los efectos perseguidos en el enfrentamiento cognitivo incluyen la alteración de la percepción y la búsqueda de la superioridad en la toma de decisiones. Se ha desarrollado doctrina a nivel aliado y nacional para abordar este tipo de confrontación. Siguiendo el modelo OODA, la observación y orientación (OO) se basan en el análisis del entorno de la información, y la toma de decisiones coherentes (D) se guía a través de la comunicación estratégica. Las acciones (A) en el enfrentamiento cognitivo se producen en todos los ámbitos, y las operaciones de información coordinan estas acciones para crear los efectos deseados. La comunicación militar pública, las operaciones psicológicas y las operaciones ciberespaciales son algunas de las acciones específicas con más impacto en el ámbito cognitivo. Además, el *engagement* y la presencia y el perfil también tienen como objetivo influir en la percepción. Por último, la superioridad en la toma de decisiones requiere un conocimiento profundo del entorno de la información y buenas herramientas de auxilio para la toma de decisiones.

Además, las mejoras cognitivas humanas podrían proporcionar ventajas en términos de superioridad en la toma de decisiones.

7. Inteligencia militar

Juan Bautista Sánchez Gamboa
General de Brigada del Ejército de Tierra

L A INTELIGENCIA COMO SISTEMA funcional en las Fuerzas Armadas (FAS) tiene a su cabeza el Centro de Inteligencia de las Fuerzas Armadas (CIFAS). El CIFAS depende orgánicamente del jefe de Estado Mayor de la Defensa (JEMAD), que tiene una estrecha relación con los Ejércitos y la Armada, mantiene relaciones bilaterales y multilaterales con países aliados y amigos, y forma parte de la Comunidad Nacional de Inteligencia.[1]

---

[1]   Enlace: https://emad.defensa.gob.es/unidades/cifas/. El CIFAS es el órgano responsable de facilitar al Ministro de Defensa, a través del JEMAD, y a las autoridades del Departamento, la inteligencia militar precisa para alertar sobre situaciones internacionales susceptibles de generar crisis que afecten a la Defensa Nacional, así como de prestar el apoyo necesario, en su ámbito, a las operaciones militares. Asimismo, asesora al JEMAD y a los jefes de Estado Mayor de los Ejércitos y la Armada en materia de contrainteligencia militar y seguridad en la estructura orgánica de las FAS. Además, contribuye al asesoramiento al JEMAD en el nivel estratégico de las operaciones militares. El CIFAS dirige y coordina el empleo de los sistemas conjuntos de inteligencia, vigilancia y reconocimiento (ISR, por sus siglas en inglés); asimismo, coordina con las autoridades competentes la explotación de información de los sistemas ISR específicos. A través del JEMAD, proporciona a los jefes de Estado Mayor de los Ejércitos y la Armada la inteligencia necesaria para el desarrollo de las actividades de preparación de la Fuerza, y atiende a las peticiones de información de inteligencia de las autoridades del Ministerio de Defensa, en el ámbito de sus competencias.
En coordinación con el Mando de Operaciones (MOPS), planifica, dirige y, en su caso, ejecuta las actuaciones en materia de información geoespacial en el ámbito de la defensa para las operaciones. A estos efectos, los órganos correspondientes de los Ejércitos y la Armada mantienen una dependencia funcional con el Centro de Inteligencia de las Fuerzas Armadas.

La misión del CIFAS es multidireccional: se dirige a distintos actores con necesidades diferentes; tiene que satisfacer necesidades de información del Ministerio de Defensa, del JEMAD, del Comandante del Mando de Operaciones (CMOPS), de los Ejércitos y la Armada, de la Alianza Atlántica, de la Unión Europea o de países amigos; y es una misión compleja que requiere personal especializado y la utilización de recursos escasos, caros, de tecnología avanzada con procesos de adquisición lentos. El CIFAS contribuye así a facilitar la toma de decisiones por parte de las diferentes autoridades y, en consecuencia, a la seguridad nacional. Para el éxito en su misión, requiere aumentar sus capacidades, cuantitativa y cualitativamente, en los campos del personal y en el de los recursos materiales, y participar activamente en una Comunidad de Inteligencia Nacional, renovada y bien coordinada, base de un verdadero Sistema Nacional de Inteligencia.

EL RETO DEL PERSONAL

El aspecto multidireccional del CIFAS implica la satisfacción de necesidades de inteligencia de nivel político, estratégico, operacional y táctico, lo que exige disponer de capacidad de obtención de información y capacidad de análisis adecuadas. Las fases del ciclo de inteligencia, obtención y elaboración[2] requieren personal altamente especializado, que tiene que atender a las necesidades permanentes de información, recogidas en el correspondiente plan, y a otras sobrevenidas por cambios de situación o por nuevas necesidades de las diferentes autoridades. Es un trabajo a largo, medio y corto plazo que se afronta con equipos, reducidos a veces a la mínima expresión.

Desde un punto de vista cuantitativo, el CIFAS no resiste la comparación con organismos similares de nuestro entorno, solo Portugal está por debajo. Por ejemplo, la Direction du Renseignement Militaire francesa es entre cinco y seis veces mayor que nuestro CIFAS, teniendo ambos misiones muy parecidas.

El CIFAS ha elaborado proyectos de plantillas realistas, pero aunque el JEMAD las aprobara, verían graves dificultades para realizarse por dos cuestiones principales: los cupos que los Ejércitos y la

---

[2]   El ciclo de inteligencia tiene cuatro fases principales: dirección, obtención, elaboración y difusión.

Armada ponen a disposición del Ministerio, y la priorización que de ellos hacen el propio Ministerio de Defensa y los Ejércitos.

El CIFAS se nutre mayoritariamente de personal del Ejército de Tierra, por ser este cuerpo el más numeroso, pero también porque cuenta con una amplia estructura orgánica de inteligencia, que abarca desde las pequeñas unidades de reconocimiento hasta el Estado Mayor del Ejército, con personal formado y experimentado en esta función de combate. En menor medida, forman parte del CIFAS oficiales y suboficiales del Ejército del Aire y del Espacio, y de la Armada, en este orden. Se intenta completar las plantillas con personal civil funcionario o laboral, dedicado —salvo excepciones— a tareas administrativas, y con personal contratado y reservistas voluntarios.

Si desde el punto de vista cuantitativo existen dificultades para conseguir personal suficiente, esta circunstancia se agrava desde el enfoque cualitativo, ya que se precisa una formación específica. El volumen de actividades y la escasez de personal dificultan que el Centro forme correctamente al recién llegado, que tarda en entrar en eficacia. Por otra parte, la formación —externa al Centro— satisface solo parcialmente sus necesidades.

En los Ejércitos y en la Armada hay una estructura de inteligencia con personal militar especializado, que puede desarrollar su carrera militar en unidades de inteligencia prácticamente desde el principio; pero la normativa vigente prima la movilidad sobre la continuidad en los destinos, y establece una exigencia de mando de unidades para el ascenso. Estos dos aspectos son dificultades que encuentra en su carrera militar quien quiera dedicarse a la inteligencia. Para subsanar el problema de falta de continuidad del militar profesional, se dio el paso de crear una especialidad de inteligencia en las FAS.[3] Especialidad que podría adquirirse en lo que se denomina segundo tramo de la carrera militar, pero que no evita tener que cumplir con las condiciones de mando para el ascenso.[4] Por otra parte, se encuentra en fase de borrador una orden ministerial que daría la consideración de altos estudios militares al Curso Superior de Inteligencia, circunstancia clave para que en el futuro haya algún oficial general de la especialidad, y un factor de motivación importante.

---

[3]   Real Decreto 1053/2021.

[4]   Real Decreto 1064/2001.

El personal civil es absolutamente necesario en el CIFAS porque aporta conocimiento en áreas que no son propias de la carrera militar. La inteligencia militar trata de aspectos políticos, militares, económicos, sociales, sobre infraestructuras, información pública, etc., lo que se conoce como PMESII.[5] Para cubrir la necesidad de conocimiento sobre estas áreas se requiere personal civil especializado, contratado o reservista voluntario. Al no ser el CIFAS un órgano de contratación, la contratación de analistas de inteligencia se ha llevado a cabo por la Jefatura de Intendencia y Asuntos Económicos del Estado Mayor de la Defensa (EMAD), que aplican rigurosamente los mismos procedimientos que para cualquier otra contratación.[6] Además, si la formación específica es un punto débil, lo más probable es que se contrate a analistas civiles sin experiencia y sin formación en inteligencia militar. Por otra parte, para contratar personal altamente cualificado hay que ser competitivo en sueldo, cosa que no sucede.

El CIFAS fue pionero en aprovechar las capacidades que ofrece la reserva voluntaria, desarrollando un proyecto que permitió disponer de personal seleccionado, altamente preparado y motivado. Esto se consiguió con una rigurosa selección y un acuerdo individual con cada uno de los seleccionados que permitía su disponibilidad durante todo el año. El reservista voluntario con formación alta no considera su activación desde el punto de vista económico, sino como un servicio, pero tiene que hacerlo compatible con su trabajo. Dado que la continuidad es clave en inteligencia, la fórmula «no presencial» fue ideal para conciliar el servicio con la vida laboral.

El reto de los recursos materiales

Para cumplir su misión, la inteligencia militar necesita básicamente dos tipos de herramientas: medios de obtención de información y de un sistema que la integre y que permita su almacenamiento, análisis o explotación inmediata, y la difusión del producto final a las autoridades que corresponda en el modo que precisen, todo ello en un entorno seguro.

---

5   AJP (Allied Joint Publication)-2.
6   Ley de Contratos del Sector Público 9/2017.

La obtención de información abarca los campos de batalla clásicos y los recién incorporados, y concierne a todos los niveles de conducción de la guerra. De hecho, la información obtenida a nivel táctico puede dar lugar a la toma de decisiones de nivel estratégico, y viceversa, lo que supone la necesidad de establecer flujos de información ascendentes, descendentes y transversales, sin trabas, y conduce a desarrollar un concepto global de sistema basado en tecnología avanzada, que, teniendo en cuenta su rápida evolución, ha de actualizarse permanentemente para evitar quedar obsoleta o ser permeable a acciones del adversario. La sensorización del campo de batalla y su dimensión múltiple permiten la obtención de un gran volumen de información. La información puede ser de interés para diferentes actores y puede requerir tratamiento, estudio y análisis en plazos distintos; también debe presentarse en formatos diferentes y en un entorno seguro. La tecnología puede dar solución a estos requerimientos, y también permite estructurar un sistema de inteligencia.

Los medios de obtención más importantes, aparte del clásico, a disposición de la inteligencia militar son los de imágenes, abarcando una amplia gama en cuya cima se encuentran los satélites, los vehículos pilotados remotamente y los medios de obtención de información y señales en el campo electromagnético.

En el campo de la obtención de imágenes, es imprescindible disponer de medios ópticos nacionales, además de seguir participando en los programas multinacionales europeos.

Los medios de obtención de información y señales en el campo electromagnético se enfrentan a la evolución de los medios de transmisión a sistemas de salto de frecuencias y a la digitalización. En este entorno, la tendencia debe de ser a integrar capacidades de explotación en el ciberespacio con las de la conocida como inteligencia de señales.[7]

El reto de integrar y gestionar toda la información en un sistema físico es tecnológicamente complejo y está en evolución permanente; pero se están dando pasos satisfactorios para lograrlo.[8] Las inversiones en esta área tienen una alta rentabilidad, ya que producen avances

---

[7] Los ejércitos chino y ruso, el holandés y otros han constituido unidades de inteligencia en el ciberespacio a partir de unidades de guerra electrónica.

[8] SAPIIEM (Servicios de Apoyo a la interoperabilidad ISR Española Militar) o de inteligencia artificial.

tecnológicos que rebasan el campo militar. En el camino hacia conseguir ese objetivo, no ha dejado de utilizarse un sistema[9] que cuenta con una red que se extiende a los órganos de inteligencia principales de los Ejércitos y la Armada, y al Centro Nacional de Inteligencia (CNI), este sistema estructura la inteligencia militar y materializa el Sistema de Inteligencia de las Fuerzas Armadas.[10]

LA INTELIGENCIA, UN MUNDO DE RELACIONES

El CIFAS establece relaciones con multitud de organismos de las FAS, del Ministerio de Defensa, y del ámbito nacional o internacional. Unas, dentro de las FAS, son de carácter funcional, siguiendo la doctrina y los procedimientos establecidos; otras son externas a las FAS y pretenden la coordinación o el apoyo mutuo, y las últimas, en el plano internacional, estrechan lazos, crean confianza y satisfacen el interés común.

Las relaciones internacionales del Centro de Inteligencia son múltiples, abarcan desde las derivadas de nuestra pertenencia a la OTAN, a las bilaterales, o las específicas orientadas a una operación determinada.[11] A estas relaciones de carácter militar hay que añadir otras de colaboración, como las relaciones con las universidades españolas en áreas de interés común.

La eficacia de la inteligencia se basa, entre otros, en el principio de la unidad de acción, lo que exige coordinación. Esta se logra con

---

[9] SICONDEF, también conocido como SINTEFAS (Sistema de Inteligencia de las Fuerzas Armadas).

[10] También dispone de terminales de este sistema el Ministerio del Interior. Además, el CIFAS mantiene enlace con el Departamento de Seguridad Nacional por medios seguros y con la OTAN a través del sistema BICES (Battlefield Information Collection and Exploitation System).
El Sistema de Inteligencia de las Fuerzas Armadas está formado por el CIFAS, el Centro de Sistemas Aeroespaciales de Observación (CESAEROB), el Mando Conjunto del Ciberespacio (MCCE), el MOPS y los órganos de Inteligencia de los Ejércitos en sus Cuarteles Generales o en la Fuerza. El CIFAS dirige y coordina el empleo de los sistemas conjuntos de inteligencia, vigilancia y reconocimiento (ISR, por sus siglas en inglés), así como la explotación de información de los sistemas ISR específicos. La relación que existe entre todos estos órganos es funcional.

[11] Como ejemplo, en el año 2019 estaban abiertas relaciones con todos los servicios militares desde Mauritania hasta el Líbano, excepto Libia. En el campo de las operaciones, destaca el grupo de trabajo dedicado a la misión de Naciones Unidas en el Líbano.

relativa sencillez entre componentes del sistema de inteligencia de las FAS, pero es más complejo conseguirla cuando se trata de coordinar con otros órganos de la Comunidad de Inteligencia española.

La Ley 11/2002,[12] reguladora del CNI, encarga a la Comisión Delegada del Gobierno para asuntos de Inteligencia velar por la coordinación del CNI con la Comunidad de Inteligencia; pero este órgano no es operativo. Por otra parte, la Ley de Seguridad Nacional[13] determina que «los servicios de inteligencia e información, de acuerdo con sus ámbitos de competencia, apoyarán permanentemente al Sistema de Seguridad Nacional, proporcionando elementos de juicio, información, análisis, estudios y propuestas para prevenir riesgos y amenazas»; sin embargo, no está establecido el procedimiento de cómo hacerlo. Tampoco está definida en la Ley 11/2002 en qué consisten las funciones del director del CNI como autoridad nacional de inteligencia.

La inteligencia militar española mantiene relaciones con los actores principales en la Comunidad de Inteligencia, CNI, Servicio de Información de la Guardia Civil, Comisaría General de Información y Centro de Inteligencia contra el Terrorismo y el Crimen Organizado (CITCO). No obstante, estas relaciones, si bien pueden ser eficaces bilateralmente, podrían mejorarse si existiera una verdadera coordinación entre estos actores principales. Parece necesario buscar un modelo más eficaz que el actual, una estructura de inteligencia nacional que transformara la Comunidad de Inteligencia en un Sistema Nacional de Inteligencia.

ACCIONES

Como acciones que se podrían tener en consideración para potenciar la inteligencia militar destacan las descritas en los siguientes epígrafes.

ÁREA DEL PERSONAL

Ampliar la plantilla del CIFAS de acuerdo con su misión.

---

[12]   Disponible en: https://www.boe.es/eli/es/l/2002/05/06/11/con.

[13]   Disponible en: https://www.boe.es/eli/es/l/2015/09/28/36.

Dotar al CIFAS de capacidad de selección del personal militar sin restricciones, y dotarle de capacidad de contratación de personal civil.[14]

Motivar y facilitar la continuidad en los destinos, dando la consideración de altos estudios militares al Curso Superior de Inteligencia, y facilitando cumplir las condiciones de mando en destinos de inteligencia.

Potenciar la participación de reservistas voluntarios con perfil alto seleccionados rigurosamente, ofreciendo la posibilidad de régimen de activación no presencial.

Estudiar la creación de una Escuela Nacional de Inteligencia, que podría ser responsable de impartir el Curso Superior de Inteligencia, y otros relacionados, tanto a personal civil como militar, de forma que facilitara la formación, la unidad de doctrina, la selección del personal y contribuyera a crear una cultura de inteligencia.[15]

ÁREA DEL MATERIAL

Para satisfacer las necesidades de recursos materiales de la inteligencia militar, la acción imprescindible es priorizar debidamente las necesidades de recursos relacionados con la inteligencia militar en el objetivo de fuerza.

Impulsar el Programa Nacional de Observación de la Tierra, los programas de vehículos tripulados remotamente y los relacionados con la Inteligencia de Señales desde el Ministerio de Defensa.

RELACIONES

Fomentar y consolidar la relación con servicios amigos y aliados en el ámbito internacional, así como las relaciones institucionales dentro del ámbito nacional, especialmente con la universidad.

---

[14] Declararlo órgano de contratación y aplicar condiciones de reserva por seguridad en los contratos.

[15] El Centro de Intelligence Interforze italiano tiene una Escuela de Inteligencia de carácter militar, un modelo más cercano a la propuesta es el de la Académie du Renseignement (https://www.academie-renseignement.gouv.fr/academie.html). Francia lidera también la iniciativa multinacional del Collège du Renseignement en Europe, donde participa el CNI, el CIFAS y varias universidades europeas (https://www.intelligence-college-europe.org).

Fortalecer las relaciones de cooperación y colaboración con los actores principales de la Comunidad de Inteligencia.

CONCLUSIÓN

Las propuestas expuestas, y otras muchas acciones, contribuirían a mejorar la Inteligencia militar; aunque esta no es más que una parte dentro de la Comunidad de Inteligencia española, que precisa una estructura mucho más sólida que la que actualmente tiene, y debe organizarse como un verdadero Sistema Nacional de Inteligencia: este es el verdadero reto que se debería afrontar a corto plazo. Reto que puede implicar la elaboración de una normativa —con el rango que se considerara— de creación del Sistema de Inteligencia Nacional y la modificación de la Ley 11/2002 del CNI.

8. Reserva y movilización

José Miguel Quesada

Teniente general del Ejército de Tierra (R)

P ARAFRASEANDO A ANA PALACIO, exministra de Asuntos Exteriores, hoy en día cualquier debate sobre reformas en el campo de la seguridad y defensa tiene que comenzar hablando de Ucrania.[1] Esa afirmación refleja hasta qué punto el conflicto en los confines de Europa ha conmocionado a un continente que vivía de «vacaciones estratégicas», según ha expresado la publicación *Cuadernos de Pensamiento Naval*.[2] En lo que sigue, se propondrán los elementos para la reflexión sobre el actual modelo español de reserva y movilización, y el modo en que este se adecúa a los nuevos riesgos y amenazas; si bien algunos de esos desafíos existían antes de que Rusia atravesara las fronteras ucranianas con sus carros de combate.

Se mostrará, en primer lugar, por qué ha existido la necesidad histórica de agrupar a una parte de la ciudadanía alrededor de una

---

[1]   Ella dijo, hace ya casi dos años, lo siguiente: «cualquier debate sobre el amplio campo de las relaciones internacionales tiene que comenzar hoy hablando de Ucrania». PALACIO, Ana (2022): «El orden mundial en tela de juicio», *Política exterior*, vol. 36, n.º 207. Disponible en: https://www.politicaexterior.com/articulo/el-orden-mundial-en-tela-de-juicio// (Consulta 27/01/2024).

[2]   ANÓNIMO (2022): «La guerra de Ucrania: Los 100 días que cambiaron Europa por Josep Baqués Quesada, Guillem Colom Piella, Beatriz Cózar Murillo, José Luis Calvo Albero y Christian D. Villanueva López. Madrid: Los libros de la Catarata, 2022, 176 páginas», *Cuadernos de Pensamiento Naval*, 33, pág. 131.

reserva militar. A continuación, se describirán las distintas maneras de organizarla y cómo dichas configuraciones están vinculadas al contexto geoestratégico, a la política exterior, a la sociedad y a la economía de cada país. El tercer bloque de contenido estará dedicado a la descripción somera de las amenazas que se ciernen sobre España y el perfil de reservista que se requiere para cada una de ellas. Para finalizar, se analizará en qué modo la reserva presente es coherente con los riesgos anteriormente relacionados y, en su caso, cuáles serían las modificaciones requeridas para que dicha identificación fuera óptima.

El porqué de una reserva y algunas notas históricas

Aunque no recibieran ese nombre hasta el siglo XIX, los reservistas son potenciales soldados que se encuentran en estado sedentario, desmovilizados o desactivados, es decir, civiles que permanecen disponibles para, llegado el caso, ser encuadrados en una unidad militar. Dicha vinculación jurídica pueden haberla adquirido de buen grado o a la fuerza, y pueden haber sido, o no, adiestrados previamente para las misiones que se les puedan encomendar. Ya en la Edad Media, los reinos, como sujetos que detentaban el monopolio de la violencia en sus territorios, comenzaron a crear fórmulas legales para que el vasallo pudiese prestar servicio de armas si, eventualmente, era requerido. A modo de ejemplo, en la batalla de las Navas de Tolosa participaron las milicias de diversos concejos castellanos, mientras que en la campaña de Granada un tercio de toda la tropa fue levantada en armas para la ocasión.[3]

Si bien no será muy difícil convenir que disponer de una fuerza permanente, debidamente equipada e instruida, es la mejor manera de acudir a un enfrentamiento armado, habrá también acuerdo en que no hay economía que pueda pagar el coste en tiempo de paz de todos los efectivos necesarios en tiempo de guerra. Esa es la histórica razón de ser de una reserva militar, y hacia ese punto se han encaminado los esfuerzos de los juristas de cada época, es decir, a

---

[3]   Quesada, José Miguel (2014): *El reservismo militar en España*. Madrid: Ministerio de Defensa, pág. 56.

proporcionar un marco legal que obligara eventualmente a los ganaderos, agricultores o artesanos a abandonar sus quehaceres y a empuñar las armas en defensa de la comunidad, muchas veces las mismas o parecidas armas a las que empleaban para cazar.

Obviamente, la organización y las misiones de los reservistas han cambiado tanto como lo han hecho la forma de combatir y los propios ejércitos. Durante los siglos en que las Fuerzas Armadas obedecían al rey, las reservas fueron entidades separadas que se empleaban en misiones interiores y de defensa del territorio, dejando a las tropas profesionales las operaciones expedicionarias. De esa manera se repartieron, por ejemplo, los teatros de operaciones del siglo XVIII español, respectivamente, la Milicia Provincial y las Tropas de Continuo Servicio. Más adelante, las guerras napoleónicas no se limitaron a dejar una Europa completamente diferente y unas transformaciones políticas y sociales que llegan hasta el momento presente. Además de eso, los ejércitos dejaron de responder ante el rey para servir a la nación y, por principio, las tropas profesionales fueron sustituidas por ciudadanos que permanecían en filas unos cuantos años para, a la finalización del servicio, contar con ellos un período de duración similar. La reserva ya no era, por tanto, una organización independiente, sino un mero cambio de fuero jurídico para el ciudadano, antes soldado.

Con los ejércitos nacionales tuvo lugar un primer salto cuántico en el orden de magnitud de los combatientes, merced, entre otros, al crecimiento demográfico, a las mejoras en el ámbito de la logística y a las reformas en los sistemas de reclutamiento, es decir, al adiestramiento en el oficio militar de mayores fracciones de ciudadanos (figura 1). Esta progresión fue mucho mayor en el siglo siguiente, cuando los hombres que chocaron en el seno de las dos guerras mundiales se contaron por millones.

No podía haber tenido lugar este formidable crecimiento sin la adopción generalizada del sistema de reclutamiento prusiano que tan eficaz había resultado para la nación germana, sobre todo en las guerras libradas contra Austria y Francia en el último tercio del siglo XIX. Muy brevemente, la clave de tal forma de organizar las fuerzas en activo y en reserva era la implantación de un servicio militar de corta duración por el que pasase la práctica totalidad de la población masculina en condiciones de empuñar un arma. Servía a este fin la

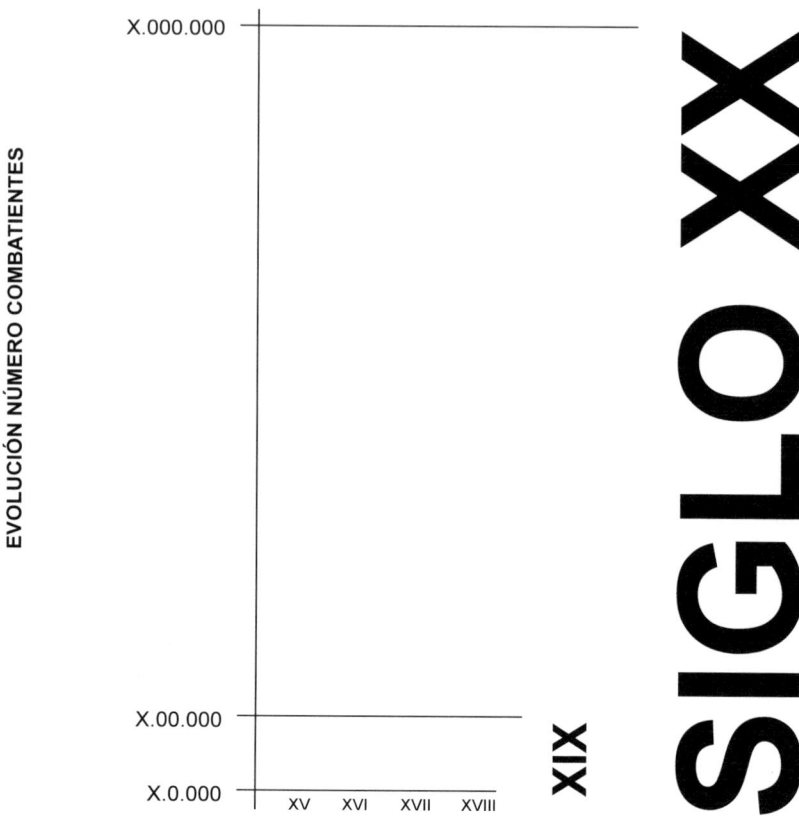

Figura 1. Orden de magnitud de los ejércitos enfrentados a lo largo de los últimos siglos.

transformación de los cuarteles en academias militares que instruían a los reclutas. Una vez convertidos en soldados y, posteriormente, licenciados, permanecían dos o tres décadas como reservistas. En apoyo de una potencial movilización, una estructura orgánica encuadraba a los millones de ciudadanos adiestrados, mientras que una numerosa escala de oficiales de complemento, también en la reserva como ellos, estaba preparada para mandarles.

Como se ha dicho, las grandes masas de reservistas generados mediante este sistema de reclutamiento fueron las que dieron lugar a las movilizaciones millonarias de las dos guerras mundiales o, en menor medida, de la guerra civil española. Cesadas las hostilidades, las reservas podían haber bajado de orden de magnitud en la segunda mitad del siglo xx. Sin embargo, el miedo a que tuviera lugar un conflicto de similares dimensiones entre los dos bloques en que había quedado dividido el mundo, no lo permitió. De hecho, a finales de los años 80 del pasado siglo, España reconocía disponer de 2 400 000 reservistas, mientras que la Unión Soviética declaraba tener 6 217 000.[4]

Tras la guerra del Golfo de 1991 o, con más intensidad, pasada la operación Tormenta del Desierto de 2003, comenzó a crearse un consenso alrededor de la idea de que los conflictos bélicos convencionales del siglo XX habían pasado a ser cosa del pasado. En su lugar, apareció el paradigma del enfrentamiento irregular, asimétrico o híbrido, modelo donde la amenaza fundamental, especialmente a lo largo de los primeros años del siglo XXI, era el terrorismo internacional.[5] Independientemente de las transformaciones orgánicas, doctrinales o tecnológicas que habrían de ponerse en marcha para ese nuevo escenario, estaba claro que habían dejado de hacer falta los engrosados ejércitos del siglo pasado y, mucho menos, las masivas reservas que pretendían complementar sus fuerzas.

Desaparecida la necesidad de contar con el refuerzo numeroso de la población civil, el servicio militar obligatorio fue suprimido o suspendido en casi todo Occidente. Entre 1993 y 2004, Bélgica, Holanda, Francia, España e Italia —por orden cronológico— liberaron a sus ciudadanos de esa obligación, quedando Alemania un poco más retrasada —2011—. La nueva generación de ejércitos, de personal profesional, mejor adiestrados y mucho más reducidos, requería de una reserva militar diferente, sabiendo que no se podía renuncia a disponer de esta capacidad sedentaria. Al contrario, al haber restringido el número de militares en activo, ahora devenía más crítica que nunca. Así se pronunciaba en 2013 el anterior director del Departamento de Seguridad Nacional, general Miguel Ángel Ballesteros Martín: «[…] todo país que basa sus Fuerzas Armadas en un ejército profesional, inevitablemente restringidos y cada vez más reducidos, requiere un sistema de movilización con reservistas que complemente a las unidades operativas»[6]. Eso sí, factores culturales

---

[4]   ANÓNIMO (1989): *The Military Balance 1989*. Londres: International Institute for Strategic Studies, págs 106 y 121.

[5]   COLOM, Guillem (2014): «El desarrollo conceptual de la revolución en los asuntos militares», *Revista Científica General José María Córdova*, vol. 12, n.º 14, págs. 24 y 25.

[6]   Email al autor, 31 de octubre de 2013.

—el apoyo de las familias, de la comunidad y de los empleadores—, legislativos, políticos y sociales configuraron cada una de esas organizaciones a la medida del país al que sirven, a sabiendas de que el marco doctrinal otorgado por la Organización del Tratado del Atlántico Norte (OTAN), en ese sentido, es muy amplio.[7]

LOS MODELOS EN LA ACTUALIDAD

De entre las lecciones aprendidas por la OTAN en los Balcanes, en Afganistán y en otras crisis, cabría destacar la importancia adquirida por la dimensión civil en la forma de abordar los conflictos. Para adaptarse a este cambio en las condiciones de contorno del teatro de operaciones, la Alianza enunció hace años la estrategia denominada *comprehensive approach* —mencionada por vez primera en la Cumbre de Riga de 2006 y confirmada en la de Bucarest en 2008—. Por medio de ella se proponía que el éxito de las misiones de nuevo cuño estuviese vinculado al concurso de militares y de civiles de muy distinta procedencia, a los que se pedía que trabajasen de forma coordinada. Para que la alineación estratégica ideada se produjera, se necesitaban abundantes capacidades civiles. Es precisamente ahí donde se encontró un enorme nicho de oportunidad para el empleo de reservistas, sobre todo cuando se habla de la lucha contra insurgencia, donde las operaciones se centran en la población y en las que, por tanto, el entorno humano o tecnológico es capital.[8]

Hecha la precisión anterior, alrededor del año 2000, varios países europeos comenzaron a implantar una reserva militar formada por voluntarios que reforzaran las capacidades de sus fuerzas armadas. Aunque el objetivo inmediato era poder contribuir al éxito de las

---

[7] En particular, los miembros de la OTAN están obligados por el Tratado de Washington y por la propia doctrina de la Alianza a considerar a los reservistas como una capacidad importante para la defensa aliada. *NATO Framework Policy On Reserves* MC 441/2, 19 de enero de 2012. Disponible en: https://nrfc.mod.bg/sites/nrfc.mod.bg/files/documents/mc_441_2_nato_framework_policy_on_reserves.pdf (Consulta 21/01/2024).

[8] QUESADA, José Miguel (2014): *El yunque y la espada. De la reserva de masas a los reservistas voluntarios (1912-2012)*. Madrid: Instituto Universitario General Gutiérrez Mellado (UNED), págs. 254-256. El ya citado general Ballesteros dijo que «el enfoque integral es el medio natural donde el reservista puede ser de mayor utilidad». Email al autor, 31 de octubre de 2013.

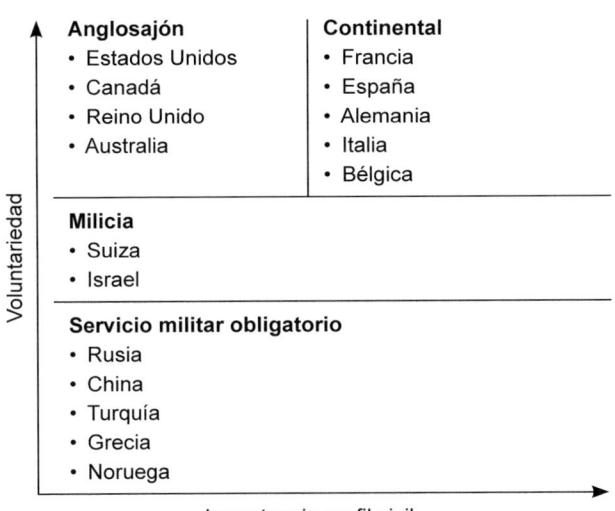

Figura 2. Relevancia de la voluntariedad y del perfil civil en los modelos de reserva de algunos países significativos. Fuente: elaboración propia.

nuevas misiones de carácter expedicionario —que ya formaban parte primordial de la doctrina de las organizaciones supranacionales—, se valoraba muy positivamente la posibilidad de que los reservistas acercaran el mundo militar a la sociedad civil. Era el llamado modelo continental (figura 2).

Un ejemplo de esta manera de integrar capacidades civiles en el entorno militar fue el programa estadounidense Human Terrain System, desarrollado hace más de una década. Se trataba de una iniciativa para mejorar el proceso de toma de decisiones mediante el suministro al mando de una interpretación en clave sociocultural de todo lo que sucedía en su área de responsabilidad. En ese sentido, reservistas que eran, además, antropólogos, filólogos, psicólogos o sociólogos fueron desplegados, juntamente con la fuerza prevista, para que los comandantes comprendiesen mejor a la población local y previesen eventuales reacciones de esta. El despliegue de los equipos HTS (Human Terrain System) se realizaba a nivel táctico y operativo, estableciendo relaciones con los miembros más influyentes de la comunidad objetivo, dando asesoramiento al mando y creando oportunidades en apoyo del éxito de la misión.

Sin perjuicio de la progresiva introducción de una mayor empatía con los civiles en la zona de operaciones, los países anglosajones siguieron con su propio modelo, fuertemente basado en la capacidad operativa de sus reservistas, que también se alistan voluntariamente. Estos son intensa y frecuentemente enviados a misiones internacionales para allí desempeñar cualquiera de las actividades bélicas que sean necesarias para alcanzar los objetivos asignados, incluidas aquellas que requieren del manejo de cualquier sistema de armas.

Por otra parte, algunos países no han renunciado al servicio militar obligatorio, tan extendido en el siglo XX. China, Rusia o Turquía, por ejemplo, siguen instruyendo reclutas para convertirlos en soldados que, además de cubrir las misiones que se les pueda encomendar mientras visten el uniforme, puedan ser movilizados para reforzar las capacidades de las fuerzas armadas en tiempo de crisis. Un caso aparte es el modelo israelí, inspirado en el suizo, con el que comparte la concepción extensiva de una gran milicia ciudadana. En ambos Estados, los ciudadanos están obligados a unos años de servicio militar que, en el país helvético, son diferidos a lo largo de un par de décadas de la edad adulta. Superado el período obligatorio, y si los interesados así lo desean, dicha prestación personal puede extenderse hasta la edad de retiro de los militares profesionales.

Volviendo la mirada al caso español, nuestro país fue uno de tantos donde se suspendió el servicio militar sin instaurar ningún tipo de reserva adaptada a los nuevos tiempos. En 2003, para demostrar que se emprendía algún tipo de medida al respecto, mil plazas para reservistas fueron descabellada y apresuradamente previstas en la provisión anual de vacantes, sin saber muy bien todavía cómo reclutarlos ni cómo adiestrarlos.[9] Solo unos pocos cientos pudieron ser alistados antes de que acabara ese año. El primer reglamento, publicado con una enorme premura, definió una reserva que se identifica claramente con el paradigma continental, es decir, está formada por voluntarios de los que se espera que aporten sus conocimientos y experiencia civiles, siempre que estos sean útiles para las unidades, centros y organismos del Ministerio de Defensa. Su núcleo principal son los reservistas voluntarios, ciudadanos que firman un compromiso con las Fuerzas Armadas y que permanecen en situación de disponibilidad para integrarse, si fuera necesario, en las unidades

---

[9]   Real Decreto 218/2003 por el que se aprueba la provisión de plazas de las Fuerzas Armadas y de la Escala Superior de Oficiales de la Guardia Civil para el año 2003, 21 de febrero de 2003. *Boletín Oficial del Estado* (en adelante, BOE), 22 de febrero.

José Miguel Quesada

existentes. La aportación suplementaria de capacidades que se espera de ellos es, principalmente, de carácter civil. Y es suplementaria porque de ningún modo su contribución forma parte del planeamiento de la defensa. Dicho de otro modo, el dimensionamiento de las capacidades que se consideran necesarias no tiene deliberadamente en cuenta lo que los reservistas puedan traer consigo cuando cambian la ropa civil por el uniforme militar.

El modelo se completa con los reservistas de especial disponibilidad y los obligatorios. Los primeros son militares de tropa y marinería u oficiales de complemento que, a la finalización de su compromiso de larga duración, deciden voluntariamente permanecer disponibles hasta la edad de retiro. Los reservistas obligatorios, por su parte, son los españoles que tienen entre 19-25 años, un conjunto de ciudadanos que pueden ser forzados a empuñar las armas en caso de una crisis grave. La secuencia de incorporación de estos, y de otros colectivos sedentarios, se muestra en la figura 3.

En sus primeros años, los reservistas voluntarios españoles fueron claramente impulsados por el Gobierno socialista que salió de las elecciones de 2004. El ministro José Bono creó inmediatamente

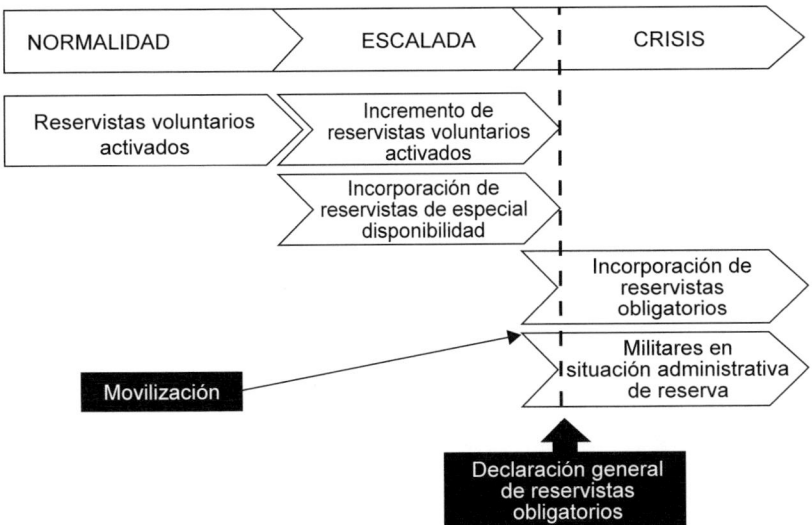

Figura 3. Aportación gradual de reservistas a las Fuerzas Armadas en función de la gravedad de una crisis. Fuente: GARCÍA ROBLES, Roberto (2014): *La figura del reservista voluntario como potenciador de la Cultura de Defensa.* Madrid: Ministerio de Defensa; p. 63.

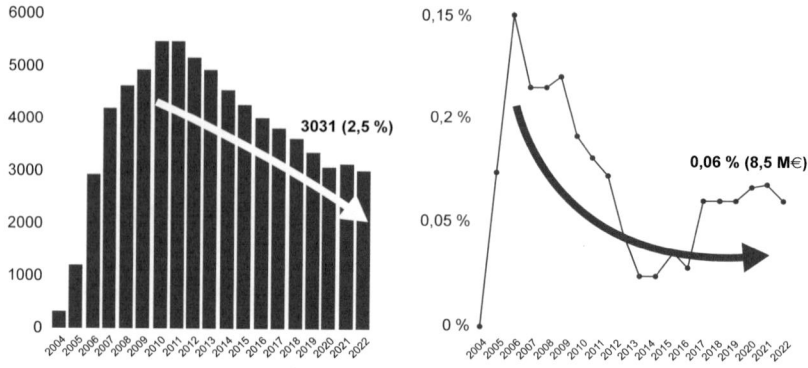

Figura 4. Evolución anual del personal reservista voluntario (izquierda), a 31 de diciembre de 2007, de los dos Ejércitos, la Armada y los Cuerpos Comunes, con indicación de la fracción (%) sobre el personal en activo de las Fuerzas Armadas, en el último año mostrado. Evolución de la fracción del presupuesto del Ministerio de Defensa que se dedica a los reservistas voluntarios (derecha), con indicación del valor absoluto en el último año reflejado (millones de euros). M€: millones de euros. Fuente: elaboración propia a partir del Anuario Estadístico Militar y de la Ley de Presupuestos Generales del Estado.

la Oficina General de Reservistas —órgano al mando de un oficial general dependiente de la Subdirección General de Reclutamiento— y manifestó la intención de llegar a los 6000 miembros en 2007, con una dotación presupuestaria que era coherente con dicho propósito (figura 4) y que se invertía, esencialmente, en indemnizarles por los días de dedicación efectiva que tuvieran, ya fuera para recibir formación, ya fuera para prestar servicio en su unidad.

A ese objetivo no se llegó, ni entonces ni con posterioridad. Eso sí, la ambición fue revisada y ampliada hasta pretender tener 10 000 personas en 2025, con una posibilidad remota de crecer hasta las 20 000. Por tanto, al año siguiente de que OTAN confirmase en Bucarest su estrategia *comprehensive approach*, el Ministerio de Defensa evaluaba sus necesidades de reserva en una capacidad suplementaria de entre un 8,5 % y un 17 % de los militares profesionales en activo.[10]Desafortunadamente, este objetivo u horquilla no ha sido ni adecuadamente perseguido ni, obviamente, alcanzado. Como muestra la figura 4, desde el máximo de 2011, donde llegó a haber 5493 reservistas voluntarios

---

[10]   ECHEPARE, Bernardo (2009): «Los reservistas voluntarios», *Revista Atenea*, n.º 12, págs. 43 y 46.

—el 4,3 % de los militares en activo—, la tendencia ha sido inequívocamente decreciente.

Lo mismo ha sucedido con el presupuesto. No se trata solo de que la dotación económica del Ministerio de Defensa haya descendido durante los años posteriores a la crisis financiera de 2008, sino que el peso relativo de los reservistas dentro del presupuesto ministerial ha llegado a bajar hasta la tercera parte del valor de 2006 —el máximo histórico—, sin recuperar ni de lejos la importancia de los primeros cinco años de vida del modelo. Con todo esto, en 2023, España se gastó en su reserva la simbólica cantidad de 8,5 millones de euros, es decir, un 0,06 % del presupuesto de Defensa.

Este descenso en la atención presupuestaria no solo se ha reflejado en drásticas reducciones en la activación de reservistas para formación y adiestramiento o para prestar servicio en sus unidades, sino que el número de plazas convocadas ha menguado en proporciones aún más severas, alcanzando en 2010 el mínimo histórico de 110 vacantes. En la misma línea, la Oficina General de Reservistas fue sustituida en 2008 por un Área de Reservistas —de menor entidad—, para desaparecer definitivamente en el año 2012.

Frente a esta disminución continuada en los reservistas voluntarios, un punto positivo es que la puesta en práctica de los incentivos de la Ley 8/2006 de Tropa y Marinería ha venido incrementando el número de reservistas de especial disponibilidad a lo largo de la última década, duplicando en este momento a los primeros (tabla 1). Esta tabla tiene a su favor el adiestramiento y experiencia en el ejercicio de las armas acumulados en sus años de carrera, si bien no se han incluido hasta ahora en los planes de activaciones anuales. De esta manera, la probabilidad de que sus conocimientos queden obsoletos, pasado un tiempo, es muy alta. Asimismo, tanto ellos como los reservistas voluntarios son un colectivo avejentado, con una edad

Tabla 1. Número y edad media de cada una de las figuras del modelo español de reserva (2022)

Reservista	Número	Edad media	Voluntariedad
Voluntario	3031	50	Sí
De especial disponibilidad	6021	47	Sí
Obligatorio	2 825 000	22	No

Fuente: elaboración propia a partir del *Anuario Estadístico Militar*.

media que ronda la cincuentena y que, consiguientemente, les impide formar parte de todas aquellas misiones donde una buena forma física es uno de los requisitos del combatiente.

AMENAZAS, CON SUS RESPUESTAS REFLEJADAS EN EL PERFIL DE LOS RESERVISTAS

Si tras el derrumbamiento del telón de acero hubo un consenso tan grande en la reducción apresurada de las capacidades propias y en la eliminación de la obligación militar de servir, fue porque había desaparecido la sensación de amenaza. Muy pronto, los terribles atentados en suelo estadounidense y en Madrid —2001 y 2004, respectivamente—, mostrarían que, muy lejos de ser verdad, lo que había hecho el peligro era tan solo cambiar de aspecto.

Se descartaba absolutamente, eso sí, que pudiera haber un nuevo enfrentamiento de grandes proporciones como los sucedidos en el siglo XX. En vez de eso, las posteriores misiones expedicionarias sobre Afganistán e Irak —entre otros teatros de operaciones, como Etiopía, Somalia y Yemen—, al amparo de la campaña estadounidense *War On Terror*, revelaron con crudeza la importancia de desarrollar capacidades para la lucha contra la insurgencia. En una zona de operaciones llena de civiles, imposibles de diferenciar de los enemigos que forman parte de fuerzas irregulares inherentes a este tipo de combates, los contingentes occidentales buscaron la victoria con el concurso de la supremacía tecnológica y de unas unidades fuertemente adiestradas en operaciones especiales. Además, intentaron mitigar el impacto sobre los ciudadanos integrando el factor civil en el despliegue, por ejemplo, aplicando la estrategia *comprehensive approach*, ya mencionada, o desarrollando las misiones de colaboración cívico-militar (CIMIC). Como se ha dicho, ahí es donde el modelo de reserva continental resulta de mayor utilidad.

En cuanto a las medidas necesarias en territorio nacional, cobró una tremenda importancia la coordinación entre las agencias encargadas de crear inteligencia sobre los movimientos de potenciales terroristas. Si, a pesar de ello y por desgracia, no se podía evitar el atentado, había que tener unidades militares que cooperasen con las autoridades civiles en la gestión de sus consecuencias, sobre todo si se habían empleado armas biológicas o químicas. Fue precisamente este contexto el que dio lugar a la creación, en 2005, de la Unidad Militar de Emergencias (UME).[11] El carácter híbrido de esta gran unidad, que combina una naturaleza y una orgánica militar con misiones de protección civil a gran escala, le hace especialmente propicia para la integración de una figura asimismo híbrida, como son los reservistas. De hecho, desde 2008, los mandos de la UME vienen activando cada año a un número de ellos que equivale a, aproximadamente, un 6 % de sus efectivos. Se trata de técnicos en distintas especialidades: administrativos, arquitectos, bomberos, guías de perros, ingenieros, psicólogos y técnicos superiores en prevención de riesgos laborales, entre otros, que realizan actividades como elaboración de planes de autoprotección, adiestramiento de los equipos cinológicos o labores administrativas.[12]

Con la informatización de la sociedad, de la economía y de las fuerzas armadas, llegaron en la primera década del siglo XXI los ataques en el dominio cibernético. Los llamados *hackers* comenzaron a aprovecharse de la multiconectividad creciente y de la vulnerabilidad de los sistemas informáticos para acceder a datos clasificados o, de forma más insidiosa, reducir o anular la capacidad operativa de entidades civiles y militares.[13] Algunos ejércitos no solo han incorporado este dominio a las capacidades propias, sino que han adaptado su reserva en justa correspondencia.

Por ejemplo, Reino Unido aumentó, en los años de la crisis económica, los efectivos de la reserva terrestre hasta los 27 000 individuos como principal medida para contrarrestar la pérdida de capacidad

---

[11]   ÁLVAREZ LUQUERO, Ana Belén (2007): «Perseverando para servir», *Boletín de Información del CESEDEN*, n°. 298, pág. 98. Una de las misiones de la UME es actuar en situaciones de emergencia grave como «las que sean consecuencia de atentados terroristas o actos ilícitos y violentos, incluyendo aquéllos contra infraestructuras críticas, instalaciones peligrosas o con agentes nucleares, biológicos, radiológicos o químicos». Real Decreto 1097/2011, de 22 de julio, por el que se aprueba el Protocolo de Intervención de la Unidad Militar de Emergencias. BOE 26 de julio, pág. 84142.

[12]   ANÓNIMO (2019): «Los reservistas voluntarios en la UME», *Ministerio de Defensa*. Disponible en: https://www.defensa.gob.es/comun/slider/2019/07/190715-reservistas-voluntarios-ume.html (Consulta: 17/02/2024).

[13]   DIETERICH, Christian (2022): «El aumento del uso del ciberespacio como vector de ataque en conflictos», *Documento de opinión del Instituto Español de Estudios Estratégicos*, n.º 83.

derivada de la considerable reducción de fuerzas permanentes. Dicho de otra manera, sus reservistas pueden incrementar en un tercio la capacidad total del Ejército de Tierra. Además, algunas actividades de las unidades regulares se transfirieron con prioridad a las de reserva, en especial las que requerían conocimientos culturales del país de despliegue, las logísticas y las de transmisiones. Una de las disciplinas emergentes que fueron atribuidas a los reservistas fue la lucha contra el ciberterrorismo.[14]

Los franceses, por su parte, reformaron su reserva cuando sufrieron el ataque contra el semanario *Charlie Hebdo*, a principios de 2015. Ese conmovedor atentado, y los que le siguieron, fueron un revulsivo para la sociedad francesa, en general, y para el ámbito de la defensa, en particular. Dentro de la gran obra de crear una Guardia Nacional con 71 000 reservistas —con la ambición de llegar a 85 000—, fue constituida una unidad de reserva que apoya al Estado Mayor de la Defensa en caso de una ofensiva cibernética de grandes proporciones.[15]

La amenaza es tan poco coyuntural que se considera la ciberguerra como uno de los dominios de la guerra híbrida, un concepto definido en el año 2005 y que ha sufrido diversas formulaciones desde entonces. Fueron el general James N. Mattis y el teniente coronel Frank Hoffman, del estadounidense Cuerpo de Marines, quienes enunciaron la teoría de que las guerras del futuro se librarían no solo contra fuerzas convencionales, sino, como está sucediendo en este momento en Ucrania, contra una mezcla de unidades regulares, de fuerzas paramilitares, de terroristas y de civiles amparados por un Estado o por cualquier otra entidad no nacional. Decían ellos que se emplearán armas permitidas u otras que no lo estarán o, aún peor, armas que ni siquiera conocemos todavía —nótense las proféticas palabras en relación con el uso de municiones merodeadoras (drones suicidas), tan presentes en el conflicto ucraniano o en la guerra Israel-Hamás, impensables hace tan solo unos pocos años—. Incluso se utilizarán armas que no son tales, como los movimientos migratorios o la guerra jurídica. Sus objetivos irán más allá de nuestros militares. Con mucha

---

[14]   HAMMOND, Philip (2013): *Reserves in the Future Force 2020: Valuable and Valued.* Londres: Ministerio de Defensa, pág. 22.

[15]   Son datos de 2021. MINISTÈRE DES ARMÉES (2022): *Rapport Social Unique, 2021.* París: Ministerio de Defensa, pág. 266.

más ambición, buscarán modificar de forma insidiosa el estado de ánimo y la voluntad de la población civil, atacando las infraestructuras críticas, las redes de transporte, las economías nacionales o privadas o los sistemas informáticos, como ya se ha mencionado. Tampoco tendrán empacho en difundir noticias falsas o en intervenir en procesos electorales, entre otros muchos procedimientos.[16]

Por último, a pesar de tantos buenos deseos en contra, la guerra de Ucrania, con sus duelos artilleros, con el empleo del arma acorazada o con combates urbanos que solo recordamos de los libros de Historia, ha demostrado descaradamente que la amenaza convencional no se había desaparecido de nuestra vida. En materia de personal, tan solo unas semanas o meses después de la ruptura de las hostilidades, ambos bandos elevaron el número de combatientes a casi el millón, multiplicando por tres, o por cuatro, las fuerzas inicialmente dispuestas para el enfrentamiento. Tan solo en el lado ruso y en el primer año de la contienda, fueron movilizados 300 000 reservistas. La primera gran movilización tras el fin de la Guerra Fría ha echado por tierra los incompletos paradigmas sobre conflictos armados que se estaban manejando.

Todo esto se ha representado de forma muy esquemática en la figura 5, donde se encuentran las amenazas a las que cualquier país —España incluida— estaría expuesto, situadas en función de la probabilidad y la intensidad, es decir, de la cantidad de fuerzas que demandaría. En un extremo, muy alejado de lo que puede considerarse conflicto armado, se han ubicado las amenazas híbridas. En el lado opuesto, los menos probables, pero posibles, enfrentamientos convencionales. Entre ambos, se pueden encontrar todas las formas de insidia que pueden usarse para atentar contra los españoles y su territorio de soberanía. Aunque no cabe la duda, llegado este punto es preciso recordar lo que la Directiva de Defensa Nacional en vigor establece. Dicho texto dice que las «Fuerzas Armadas son el instrumento especializado para garantizar una defensa eficaz frente a cualquier reto de seguridad de naturaleza militar [...] frente a amenazas y desafíos múltiples y cambiantes».[17] Por tanto, no solo tienen que estar

---

[16] MATTIS, J. N. y HOFFMAN, F. (2005): «Future Warfare: The Rise of Hybrid Wars», *Proceedings. United States Naval Institute*, vol. 132/11.

[17] Directiva de Defensa Nacional 2020. Disponible en: https://www.defensa.gob.es/Galerias/defensadocs/directiva-defensa-nacional-2020.pdf (Consulta: 17/02/2024).

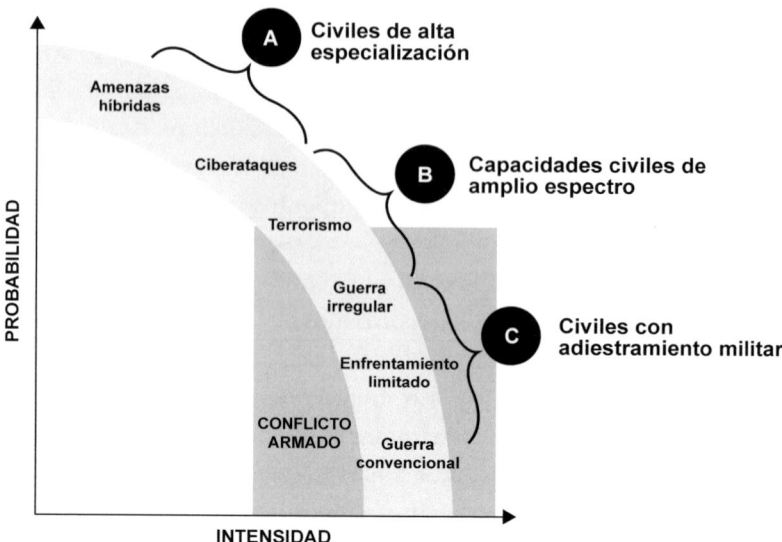

Figura 5. Espectro de amenazas actuales, con mención del perfil profesional de los reservistas que pueden reforzar y reemplazar a los militares profesionales. Fuente: elaboración propia, inspirado en MONAGHAN, Sean (2022): «Countering Hybrid Warfare», *Prism*, n.º 2, pp. 82-99.

dispuestas las capacidades que disuadan, anticipen y combatan cada uno de los riesgos mostrados, sino que las unidades regulares deben contar a sus espaldas con una segunda fila de efectivos que puedan reforzarlas y reemplazarlas debidamente en caso de que la amenaza exceda en intensidad o en duración a los recursos establecidos.

No obstante, consideradas las amenazas de la figura 5, es fácil deducir que no todas las necesidades de refuerzo y reemplazo se cubren con el mismo perfil de reservista. En las amenazas más probables encajan mejor los civiles que tienen una alta especialización en un determinado campo, mientras que las de mayor intensidad requieren de reservistas que puedan integrarse en una unidad operativa y manejar cualquier sistema de armas.

¿Hace falta un nuevo modelo de reserva en España?

Al poco de que la reserva española actual superara la primera década de vida, comenzaron a surgir voces que invitaban a reflexionar sobre su configuración, visto que todas las tendencias eran marcadamente negativas. Con la perspectiva del tiempo transcurrido, es muy curioso que se culpase al propio modelo de no recibir respaldo económico y operativo para su desarrollo. Sería como decir que el culpable de que un coche no funcione —cuando el depósito de combustible está vacío— es del ingeniero que lo diseñó. Sin embargo, cundió la voz general, incluso dentro de los propios reservistas, de que el modelo tenía que ser cambiado.[18] El Observatorio de la Vida Militar fue una de las entidades acreditadas que, claramente confundidas, abogaron por la transformación, al mismo tiempo que reconocían la desatención ministerial:

> En la actualidad, el modelo de reserva no es el adecuado a las posibles necesidades de las FAS [Fuerzas Armadas], teniendo en cuenta la positiva aportación de los reservistas voluntarios a la defensa nacional, se insta al Ministerio de Defensa a estudiar las medidas conducentes a mejorar el modelo vigente, procurando incrementar el número de reservistas activados anualmente; dotándolo de manera adecuada a las presiones presupuestarias destinadas a soportar dicha activación.[19]

Como era previsible, el ámbito político se hizo eco de esta necesidad de cambio, estuviese o no sustentada. De hecho, desde 2014, las Cortes han aceptado a trámite tres iniciativas de diferente recorrido coincidentes, sin embargo, en el estéril resultado. Sin duda, la más trascendental de ellas fue la promovida por el Grupo Parlamentario Catalán en el Congreso en ese mismo año, que dio a lugar la creación, en el seno de la Comisión de Defensa, de una Subcomisión «para el estudio de la modificación de la Reserva Militar con el fin de proceder a su actualización y modernización». Esa subcomisión fue felizmente puesta en marcha y, durante algunos meses, numeroso personal militar —español y extranjero—, político, sindical, de profesiones libres y reservista dieron su parecer a los miembros. Lamentablemente, la disolución de las Cortes en octubre de 2015 hizo que su trabajo cayera

---

[18]   A modo de ejemplo, en 2019, la revista *Ejército* publicaba un artículo de un oficial reservista cuyo título anticipaba de modo transparente las conclusiones. SÁNCHEZ CHAPELA, Fernando (2019): «La necesaria reforma de la Reserva Voluntaria», *Ejército*, n.º 935, págs. 74-80.

[19]   OBSERVATORIO (2018): *Memoria informe 2017. Observatorio de la Vida Militar*. Madrid: Ministerio de Defensa, págs. 73 y 156.

en el olvido, sin llegar siquiera a presentar conclusiones. Eso sí, se sabe que el mandato extraído de esa subcomisión consistió en que se incrementara el número de reservistas activados anualmente, que las previsiones presupuestarias destinadas a soportar dicha activación fuesen las adecuadas y que se procediese a la revisión del modelo de reserva voluntaria existente.[20]

Tres años más tarde, era el Grupo Popular quien llevaba a la Comisión de Defensa del Senado una moción parecida. El texto, aprobado sin oposición, reconocía que había que impulsar la reserva por medio, entre otros, de acuerdos con los empresarios que hicieran compatible la ocupación como reservistas con el ejercicio de su profesión.[21] En el año 2022, el mismo grupo presentó otra proposición no de ley para la reforma del modelo de reserva existente en España, que fue rechazada en la Comisión de Defensa por considerar el Grupo Socialista que «el actual modelo satisface plenamente —eso creemos— las necesidades de las Fuerzas Armadas, que disponen de un número de efectivos suficientes, de conformidad con las necesidades de planeamiento», además de otras motivaciones.[22] Es curioso que Isabel Pozuelo, una diputada de esa misma formación, recomendase en 2015 a la Comisión de Defensa ir, precisamente, en dirección contraria.[23]

Como se ha dicho en repetidas ocasiones, el diseño del modelo ha tenido poco que ver con las carencias puestas de manifiesto en todos los debates, ya sean los mantenidos en informales blogs de internet, ya sean los sostenidos en las sedes del poder legislativo. Volviendo la mirada al intercambio de pareceres entre los senadores del año 2017,

---

[20]   Proposición no de ley relativa a promover la modificación y modernización del modelo de reserva militar voluntaria, 18 de marzo de 2014. *Boletín Oficial de las Cortes Generales-Congreso de los Diputados* (en adelante, BOCG-C), 24 de marzo, págs. 6 y 7.

[21]   Moción por la que se insta al Gobierno a impulsar la reserva militar de España y potenciar su gran labor de apoyo a las Fuerzas Armadas, 11 de diciembre de 2017. *Boletín Oficial de las Cortes Generales-Senado*, 11 de diciembre, pág. 2 y ss.

[22]   Proposición no de ley sobre modificación del Reglamento de los Reservistas de las Fuerzas Armadas, 22 de febrero de 2023. *Diario de Sesiones del Congreso de los Diputados-Sesiones*, 22 de febrero, pág. 18,

[23]   La señora Pozuelo dijo que había que «incrementar el número de reservistas, dotando a los presupuestos de los recursos necesarios». Dictamen, a la vista de las recomendaciones que han presentado los distintos grupos parlamentarios, acerca del informe anual de 2014 del Observatorio de la vida militar, 20 de octubre de 2015. *Diario de Sesiones del Congreso de los Diputados-Comisiones,* 20 de octubre, pág. 18.

su propuesta se podría articular en torno a tres medidas, que son perfectamente compatibles con el *statu quo*. La primera sería aumentar la capacidad de activación de las unidades militares y flexibilizar las maneras de prestar servicio en ellas, incluyendo la figura de la «activación no retribuida» para cometidos como la difusión de la cultura de Defensa. En segundo lugar, se propuso de nuevo hacer más compatible el desempeño profesional de los reservistas con los períodos de activación, firmando acuerdos con los empleadores y con los agentes sociales, atendiendo especialmente a las administraciones públicas de ámbito local. Por último, se reclamó más formación para los miembros de la reserva, quienes, una vez desarrollados militarmente, podrían tener acceso a una carrera dentro de su propio colectivo.

También se mencionó la posibilidad de disponer de unidades específicas próximas al lugar de residencia, facilitando con ello la conciliación entre los compromisos civiles y los militares. Hubo oportunidad de poner de manifiesto la desconexión absoluta entre el ámbito castrense y el reservista no activado, a quien se le niega tanto el acceso al suministro de prendas y efectos militares como a las residencias logísticas o de descanso.[24]

Sea como fuere, y volviendo a los primeros párrafos de este texto, la guerra de Ucrania ha demostrado que no fue atinado desmontar las capacidades de generación de fuerzas con adiestramiento militar previo, como afirma el coronel José Luis Calvo Albero en un reciente artículo.[25] Por tanto, habrá que replantearse, del mismo modo que hizo Suecia en 2017 —cuando recuperó el servicio militar obligatorio que había suspendido siete años antes—, cómo disponer de un contingente de ciudadanos instruido para una forma de combatir que creíamos olvidada.[26] Y para eso, España sí que tendría que reformar su actual modelo.

---

[24]   Aquí se da la paradoja de impedirles comprar en las tiendas de los dos Ejércitos y la Armada —si acuden fuera de su activación— las prendas del uniforme que deben llevar cuando se activen. En cuanto a la acogida en las residencias, por su parte, también supone un inexplicable agravio, por cuanto hay colectivos no militares que pueden entrar.

[25]   «Los pequeños ejércitos profesionales de la posguerra fría, sin apenas reservas y pobremente apoyados por una industria de defensa jibarizada por la deslocalización, no parecían lo más adecuado para librar extensas y prolongadas batallas de material». CALVO ALBERO, José Luis (2024): «Occidente y la guerra», *Documento de Opinión. Instituto Español de Estudios Estratégicos*, 22/2024, pág. 9.

[26]   PINTADO RODRÍGUEZ, César (2023): «La reserva sueca. Un modelo mixto para la defensa total», *Ejército*, n.º 986, pág. 66.

Además, la evolución que se puede intuir de la postura estadounidense sobre Europa, que parece que se inclinará del lado de pedir con más insistencia que sean los europeos quienes adquieran un mayor protagonismo en su propia defensa, está llevando a muchos países a dar un gran salto en el gasto en defensa y a reforzar las capacidades de producción de armamento y municiones.[27] Las siguientes páginas conectarán con el esquema de la figura 6 para mostrar en qué medida son necesarios algunos ajustes en ciertos aspectos del modelo español de reserva o hasta qué punto es preciso abordar una reforma de mayor calado en otros.

NECESIDAD DE ESPECIALISTAS

El 24 de marzo de 2020, el Grupo Popular en el Congreso de los Diputados reaccionaba al intento de hackeo del Ministerio de Sanidad y de la red de hospitales españoles con la presentación de una proposición no de ley, en virtud de la cual se instaba al Gobierno a crear una «Reserva Estratégica de Talento en Ciberseguridad con el fin de disponer de recursos humanos con los que reforzar los medios permanentes del Ministerio de Defensa».[28] Esta iniciativa, completamente alineada con decisiones tomadas por otros países —Francia y Reino Unido, ya traídos aquí—, buscaba aprovechar una de las capacidades existentes en el mundo civil para reforzar la protección frente a una de las amenazas más probable de nuestro entorno estratégico.

No es, afortunadamente, el único perfil profesional que puede ser de interés para la Defensa. El gran cajón de sastre de las amenazas híbridas necesita de analistas de datos, *community managers*, economistas, expertos en inteligencia y sociólogos, entre otros. Si se recorre la figura 6 en sentido descendente, la guerra irregular, la lucha contra el terrorismo o la mitigación de las consecuencias de un atentado

[27] BASSETS, Marc y RIZZI, Andrea (2024): «Francia y Alemania garantizan la defensa de Ucrania como antesala de su futura entrada en la OTAN», *El País*, 16 de febrero. Disponible en https://elpais.com/internacional/2024-02-16/francia-y-alemania-garantizan-la-defensa-de-ucrania-como-antesala-de-su-futura-entrada-en-la-otan.html (Consulta: 21/02/2024).

[28] Proposición no de ley para la creación y regulación de la Reserva Estratégica de Talento en Ciberseguridad, 24 de marzo de 2020. BOCG-C, 13 de abril.

terrorista requieren contar con, por ejemplo, arquitectos, criminólogos, expertos en emergencias, ingenieros, lingüistas, médicos y psicólogos, aparte de los otros perfiles ya relacionados al hablar de la UME. Las Fuerzas Armadas precisan, y seguirán necesitando en el futuro, de un contingente de profesionales a los que recurrir como refuerzo de las capacidades propias o a los que asignarles misiones en exclusiva.

LA ASIGNATURA PENDIENTE DE UNA RESERVA COMBATIENTE

Las movilizaciones de reservistas llevadas a cabo en el transcurso de la guerra de Ucrania han provocado hondas reflexiones en muchos países. Austria, Chipre, Estonia, Finlandia, Grecia, Noruega, Suecia y Suiza aún obligan a sus ciudadanos a realizar el servicio militar y también, lógicamente, a permanecer en la reserva bastantes años después de volver a la vida civil. Otros, como Alemania, están considerando recuperarlo. Tanto Estados Unidos como Reino Unido, poseedores de grandes reservas a menudo desplegadas en misiones expedicionarias, han restaurado varias veces, a lo largo del siglo XX, la obligación de servir en tiempo de guerra —la última vez fue en el conflicto de Vietnam—. De cualquier manera, por muy remota que se identifique la posibilidad de un enfrentamiento convencional para un país europeo periférico como España, el tiempo que ha de transcurrir hasta que un civil adquiera la necesaria destreza para el combate hace que el planeamiento de una reserva de estas características deba adelantarse varios años al estallido de un conflicto.[29]

En términos meramente nominales, España cuenta con los reservistas de especial disponibilidad y con los reservistas obligatorios para hacer frente a una crisis grave (véase la figura 3). Los primeros

---

[29] Según el almirante Fernando del Pozo García, una instrucción de menos de un año o de un año y medio lleva a niveles inaceptables de calidad del adiestramiento. POZO GARCÍA, Fernando del (2023): «¿Es necesario o conveniente recuperar el servicio militar obligatorio en España?», *The Objective*, 5 de diciembre. Disponible en: https://theobjective.com/espana/2023-12-05/servicio-militar-obligatorio-espana/ (Consulta: 24/02/2024). De la misma manera, el general José Rodríguez García, anterior jefe de la Fuerza Terrestre, confesaba el 29 de noviembre de 2023, en la Universidad Francisco de Vitoria, dentro de la II Jornada de Reservistas, que no se puede formar a un combatiente en menos de uno o dos años.

entrarán muy pronto en la cincuentena como edad media y, faltos de cualquier tipo de adiestramiento durante su vida en la reserva, habrán perdido su nivel mínimo de instrucción pasados cinco años. En cuanto a los jóvenes de entre 19 y 25 años que pueden ser forzados a vestir el uniforme militar, tendrían que transcurrir más de 12 meses hasta que el contingente formado por estos ciudadanos pudiera acudir al combate. Si se tiene en cuenta que los reservistas obligatorios tienen reconocido el derecho de objeción de conciencia, se comprenderá que ambos colectivos dan una ilusoria imagen de que España puede generar fuerzas ante una amenaza convencional. Estas figuras valen tanto como decir que se puede recuperar el servicio militar obligatorio, posibilidad, por otra parte, perfectamente viable desde el punto de vista jurídico, dado que tan solo está suspendido.

Frente a la necesidad palmaria de reservistas, que puedan reforzar y reemplazar con eficacia a las unidades activas eventualmente sobrepasadas en el intento de una fuerza enemiga de ocupar territorios de soberanía española, se podría argüir que cualquier ataque de este tipo estaría cubierto por el artículo 5 del Tratado de Washington. Sin embargo, según fuentes acreditadas, si las ciudades de Ceuta o de Melilla fueran los objetivos de una invasión, la interpretación más probable de dicho artículo, tal como está redactado hoy, no obligaría a que los otros socios de la Alianza Atlántica acudieran en ayuda de las Fuerzas Armadas españolas.[30]

ORGANIZACIÓN DE APOYO, ASPECTOS DE RECURSOS HUMANOS Y OPTIMIZACIÓN DE PROCESOS

Los reservistas, como todo colectivo formado por personas, son sensibles al adecuado empleo de las políticas y técnicas que rigen los recursos humanos de todas las entidades del mundo, sean públicas o privadas, civiles o militares. Los mecanismos de captación, selección, motivación y retención que funcionan en otras organizaciones

---

[30] ANÓNIMO (2022): «Reformar el Tratado de la OTAN, la única vía para incluir formalmente a Ceuta y Melilla bajo su paraguas», *Europa Press*, 18 de junio. Disponible en: https://www.europapress.es/nacional/noticia-reformar-tratado-otan-unica-via-incluir-formalmente-ceuta-melilla-paraguas-20220618103039.html (Consulta: 24/02/2024).

—ampliamente descuidados en este caso— también funcionarían aquí. En este sentido, ayudaría mucho que se favoreciera la verdadera integración del reservista en el ejército y en la unidad que le ha de acoger, dificultada en parte por la breve formación y por el establecimiento de barreras simbólicas —aunque muy tajantes— entre ellos y los militares profesionales. El acceso vedado a cursos que, sin duda, mejorarían su desempeño, o el inexplicable veto a algunas dependencias son meros ejemplos de una segregación que no persigue más que poner al reservista, de forma muy plástica y evidente, en un lugar diferente al profesional. Por el contrario, sentirse parte de las Fuerzas Armadas a las que ha decidido unirse, recibir un cometido para el que ha sido previamente instruido y tener la seguridad de que, con su esfuerzo, contará con una carrera dentro del mundo castrense son algunas de las palancas que un nuevo enfoque centrado en los recursos humanos debería contemplar.

Para esto no haría falta cambiar nada del modelo. Tampoco para mejorar, como se manifestó en sede parlamentaria, los procesos de activación, de forma que se puedan conciliar mejor las obligaciones civiles del reservista con las necesidades de las unidades, sujetas a unos trámites que solo permiten que este personal pueda contribuir cuando su incorporación se programa con muchísima antelación.

Por otro lado, el Ministerio de Defensa necesita suprimir los obstáculos existentes, internos y externos, que impiden consolidar las facetas válidas del modelo actual e implantar potenciales adaptaciones. Para ello, tiene que recuperar un área dedicada en exclusiva a los asuntos de la reserva militar —Inspección General de Reservistas—, donde estén sus responsables funcionales. Una apuesta sincera por este recurso requeriría que dicho organismo estuviese dirigido por un oficial general del nivel de sus interlocutores más frecuentes, dentro y fuera de las Fuerzas Armadas, es decir, un teniente general o un general de división.

Del mismo modo que sucede en Francia desde hace más de 20 años, habría que poner en marcha un foro de decisión —Consejo de Reservistas— donde se manifiesten y resuelvan los problemas que aquejan al colectivo y a las unidades en relación con su utilización. En su seno, bajo la presidencia del inspector general, debatirían portavoces parlamentarios, miembros relevantes del Ministerio, personal de los Estados Mayores, asociaciones empresariales, colegios profesionales, sindicatos, la federación que agrupe a las asociaciones de reservistas y algunas otras personas de singular cualificación. Solo con que dicho consejo sacara adelante los acuerdos con los empleadores que prevé la legislación desde hace años, ya habría valido la pena su implantación.

El mayor cambio estratégico que debe realizarse en relación con la reserva es cambiar el carácter de suplementaria por el de complementaria, o lo que es lo mismo, mudar aquello de que «no ocupan plaza en las plantillas de las unidades» —repetido hasta la saciedad en todo documento que habla de ellos— por reservarles una vacante en alguna parte. Las aportaciones de los reservistas tienen que ser planeadas y tomadas en cuenta para el dimensionamiento general de la Defensa, emprendiendo las acciones que convengan para reclutar y fidelizar al número de personas y de perfiles que se requieran.

En cuanto a los roles que son realmente precisos para el presente escenario estratégico —que se presume el de las próximas décadas—, estos se han representado en la figura 6. España tiene que seguir contando con unos especialistas que aporten a las Fuerzas Armadas los

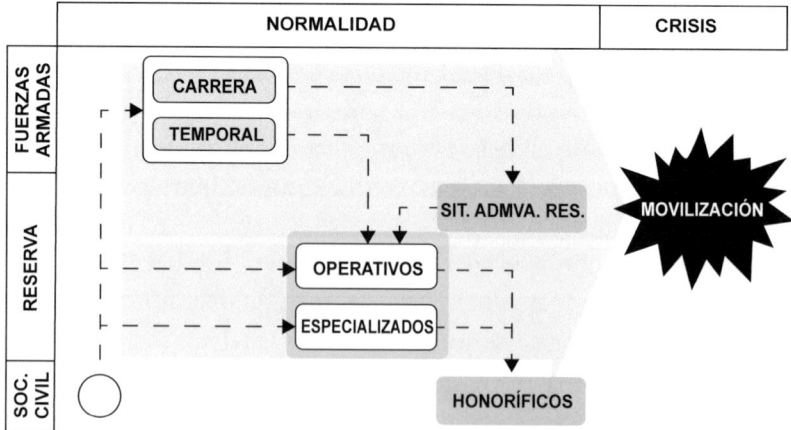

Figura 6. Roles del modelo de reserva reformado (enmarcadas en gris), con sus relaciones con el resto de los agentes involucrados. Fuente: elaboración propia.

conocimientos y experiencia civiles que son interesantes para el ámbito castrense, tal como los reservistas voluntarios hacen ahora.

A ellos deben sumarse unos reservistas operativos que constituyan unidades específicas, capaces de desplegarse como batallones o compañías en cuanto reciban órdenes para ello. Los cuadros de mando de dichas unidades serían voluntarios, militares profesionales que estuviesen en situación administrativa de reserva, oficiales de complemento que terminaron su compromiso de larga duración u otros oficiales reservistas que superaran el programa de adiestramiento que se estableciese. La clase de tropa se nutriría, en una pequeña parte, de los soldados, cabos y cabos primeros voluntarios que hubiesen llegado a la edad límite de 45 años sin adquirir la condición de tropa permanente. El resto de las plazas, hasta alcanzar el contingente que se defina, tendrían que completarse con personal civil, también voluntario, muy necesario si se acepta el desafío de bajar la edad media de un colectivo en el que la forma física es tan importante.

El adiestramiento debe alcanzar un sitio preeminente en la capacitación de todo el personal reservista. Los que aportan su bagaje civil tendrían que recibir una más intensa y prolongada formación, pudiendo acudir durante su permanencia en la reserva a los mismos cursos que los militares profesionales reciben para los mismos cometidos. Los reservistas operativos, por su parte, no podrán adquirir la capacitación propia de las unidades que pueden entrar en combate si no están sometidos a sesiones frecuentes de instrucción a nivel individual, pelotón, sección, compañía y batallón. Se diseñaría un plan de adiestramiento basado en ejercicios que los reservistas tendrían que realizar durante, por ejemplo, diez fines de semana al año —que ha sido la decisión sueca—, una vez superada una formación básica de aproximadamente 40 días, contando con los veteranos como instructores.[31] Los batallones de reservistas operativos estarían encuadrados en el Ejército de Tierra, y utilizarían las instalaciones de las bases de la Fuerza Terrestre que se encuentran repartidas por el territorio nacional, cumpliendo así con la premisa de acercar el lugar de activación a la residencia de los reservistas.

Se habrá reparado en que el modelo solo estaría compuesto por voluntarios, por lo que se podría quitar esa palabra de la denominación

---

[31]   Pintado Rodríguez, César (2023): «La reserva sueca...», pág. 69.

de cualquiera de las figuras que lo componen. Las figuras de los reservistas de especial disponibilidad y reservistas obligatorios serían suprimidas por dar una falsa sensación de capacidad frente a amenazas convencionales, como se ha dicho. Para mantener la cohesión y sostener la vinculación de unos y de otros en el período en que no están activados, el Ministerio se decidirá por, como dice la reglamentación vigente, sostener y apoyar las actividades de las asociaciones. A los reservistas honoríficos —aquellos que han llegado al límite de edad o han decidido no prolongar su compromiso— que lo deseen se les vinculará a una Subdelegación de Defensa y se les asignarán tareas de promoción de la cultura de Defensa.

Para que todo esto sea viable, habrá que tener una ambición en cuanto a dimensionamiento y estar dispuestos a un notable incremento presupuestario. Con todo lo dicho, y el nuevo contexto estratégico, no resulta descabellado plantearse alcanzar, una vez más, los 20 000 efectivos. Eso significaría el 17 % del personal profesional, cantidad que es todavía pequeña en comparación con el 37 % de Francia —país cercano desde el punto de vista castrense y, sobre todo, de la organización de la reserva—, o el 30 % de Reino Unido.[32]

Los reservistas especializados deberían cubrir, por ejemplo, un tercio de las plazas del Mando Conjunto del Ciberespacio (MCCE) y del Centro de Inteligencia de las Fuerzas Armadas (CIFAS), grandes unidades donde se concentran las capacidades señaladas con una A en la figura 5. Asimismo, se reclutarían voluntarios de esa misma clase para reforzar las capacidades tipo B hasta cubrir un sexto de las vacantes relacionadas, fundamentalmente ubicadas en el Estado Mayor de la Defensa, en los Estados Mayores de los dos Ejércitos, de la Armada y de las grandes unidades y en la UME. Los batallones de reservistas operativos, por su parte, tendrían el tamaño de una brigada del Ejército de Tierra, lo que supondría disponer de una capacidad sedentaria de, aproximadamente, un octavo de la Fuerza Terrestre.

Ni el incremento de efectivos ni el permanente adiestramiento de una fuerza con capacidad combatiente pueden encajar en el actual

---

[32] Para más información, consúltese QUESADA, José Miguel (2022): «Implantación fallida de los reservistas voluntarios en España. Una visión presupuestaria (2004-2021)», *Global Strategy Report*. Disponible en: https://global-strategy.org/implantacion-fallida-de-los-reservistas-voluntarios-en-espana-una-vision-presupuestaria-2004-2021/ (Consultado: 25/02/2024).

presupuesto. La referencia francesa del 0,6 %, diez veces la proporción española, es la que más respaldo merece. Eso supondría un gasto español de alrededor de 85 millones de euros, seis veces lo que cuesta la Secretaría de Estado de Memoria Democrática y la quinta parte que el coste del Ministerio de Igualdad. En ningún modo se desea dar la impresión de que esas entidades, tomadas como meras referencias, no sean necesarias. Sin embargo, de poco nos podrán servir si, para cuando queramos disfrutar de ellas, hemos perdido la soberanía de nuestro país o se han cumplido las peores amenazas sobre la integridad de nuestro pueblo.

BIBLIOGRAFÍA

ÁLVAREZ LUQUERO, Ana Belén (2007): «Perseverando para servir», *Boletín de Información del CESEDEN*, n.º 298, pp. 95-112.

COLOM, Guillem (2014): «El desarrollo conceptual de la revolución en los asuntos militares», *Revista Científica General José María Córdova*, vol. 12, n.º 14, pp. 19-34.

DIETERICH, Christian (2022). «El aumento del uso del ciberespacio como vector de ataque en conflictos», *Documento de opinión del Instituto Español de Estudios Estratégicos*, n.º 83.

ECHEPARE, Bernardo (2009). «Los reservistas voluntarios», *Revista Atenea*, n.º 12, pp. 42-46.

GARCÍA ROBLES, Roberto (2014). *La figura del reservista voluntario como potenciador de la Cultura de Defensa*. Madrid: Ministerio de Defensa.

HAMMOND, Philip (2013). *Reserves in the Future Force 2020: Valuable and Valued*. Londres: Ministerio de Defensa.

INTERNATIONAL INSTITUTE FOR STRATEGIC STUDIES (1989). *The Military Balance 1989*. Londres: International Institute for Strategic Studies.

LÓPEZ DÍAZ, Juan Ángel, y CONTE DE LOS RÍOS, Augusto (2022). «La guerra de Ucrania: Los 100 días que cambiaron Europa por Josep Baqués Quesada, Guillem Colom Piella, Beatriz Cózar Murillo, José Luis Calvo Albero y Christian D. Villanueva López. Madrid: Los libros de la Catarata, 2022, 176 páginas». *Cuadernos de Pensamiento Naval*, n.º 33, pp. 128-131.

MATTIS, James N., y HOFFMAN, Frank (2005). «Future Warfare: The Rise of Hybrid Wars», *Proceedings. United States Naval Institute*, vol. 132/11.

MINISTÈRE DES ARMÉES (2022). *Rapport Social Unique, 2021*. París: Ministerio de Defensa.

MONAGHAN, Sean (2022). «Countering Hybrid Warfare», *Prism*, n.º 2, pp. 82-99.

Observatorio (2018). *Memoria informe 2017. Observatorio de la Vida Militar.* Madrid: Ministerio de Defensa.

Pintado Rodríguez, César (2023). «La reserva sueca. Un modelo mixto para la defensa total», *Ejército*, n.º 986, pp. 66-70.

Quesada, José Miguel (2014). *El reservismo militar en España.* Madrid: Ministerio de Defensa.

— (2014). *El yunque y la espada. De la reserva de masas a los reservistas voluntarios (1912-2012).* Madrid: Instituto Universitario General Gutiérrez Mellado (UNED).

— (2022) «Implantación fallida de los reservistas voluntarios en España. Una visión presupuestaria (2004-2021)», *Global Strategy Report.* Disponible en: https://global-strategy.org/implantacion-fallida-de-los-reservistas-voluntarios-en-espana-una-vision-presupuestaria-2004-2021/ (consultado 25/2/2024).

Sánchez Chapela, Fernando (2019). «La necesaria reforma de la Reserva Voluntaria», *Ejército*, n.º 935, pp. 74-80.

9. El presupuesto necesario

JESÚS DE SALVADOR
Doctor por la Universidad Católica de Valencia e Interventor

PROEMIO

En primer lugar, quisiera agradecer la invitación, a la par que felicitar por la iniciativa, a Fundación para el Análisis y los Estudios Sociales y a la Universidad Francisco de Vitoria como anfitriones del seminario, que motivan estas líneas, y por supuesto a Ignacio Cosidó por su invitación personal.

Este seminario sobre «La Defensa de España en la era de la incertidumbre», no solo es oportuno en cuanto a sus propósitos y contenido, sino también en cuanto a su formato, pues reunir a tres mundos, el académico, el militar y el político, que con sus características propias —la reflexiva para la universidad, la resolutiva para la castrense y la decisoria para la política— son fundamentales para hacer frente a los desafíos de este cambio de época (usando la dialéctica de Arnold J. Toynbee del *Challenge and response*), y son las idóneas para cualquier aproximación al fenómeno geopolítico.

Uno de los elementos vitales en los pulsos geopolíticos, que demasiadas ocasiones terminan en conflicto, es la economía: recordemos, como Napoleón Bonaparte afirmaba, que «para hacer la guerra se necesitan tres cosas: dinero, dinero y más dinero», pues el instrumento militar, de una u otra forma, es el respaldo último de cualquier política exterior de un Estado. Pero la crisis del orden liberal (Florentino Portero *dixit*[1]), tiene también sus reflejos en la política interna, como la actual crisis del presupuesto y sus déficits, aunque no es la primera vez. Y no se debe olvidar que el parlamentarismo, la cuna de la democracia, se basa en el presupuesto, pues aquellas antiguas Cortes medievales[2] se reunían, y tenían como uno de sus objetivos principales, acordar el reparto de las cargas fiscales, o ingresos a recaudar, entre los tres estamentos, el nobiliario-militar, el religioso y el pueblo llano, para hacer frente a los gastos del rey, que en aquella época generalmente eran los bélicos.

Por tanto, una época de crisis o de cambio que afecta a la esencia del presupuesto —el elemental equilibrio entre gastos e ingresos—, así como a la insuficiencia, o cuanto menos a la eficiencia y transparencia en los gastos de la Defensa —ya sea por complejos, derivas nihilistas o por un pacifismo, cuando no antimilitarismo, militante— puede poner en jaque la propia continuidad de las estructuras políticas estatales del orden liberal, los Estados democráticos de derecho y de bienestar.

Porque no hace falta insistir mucho respecto a la situación global en la que nos encontramos, que hemos podido ver en los capítulos previos, los desafíos en los presentes años 20 del siglo XXI son complejos y mudables; si de los años 20 del siglo XX se dice que fueron los felices 20, y de los 30 que fueron convulsos, la presente década del siglo XXI quizás se denomine en el futuro los inciertos años 20, que empezamos con la salida del Reino Unido de la Unión Europea (*Brexit*), seguimos con la pandemia del virus chino de Wuhan, el asalto al Capitolio como un símbolo de la fragmentación política de Estados Unidos (con la cultura *woke* y de cancelación frente al sentimiento de orgullo de sentirse americano), para seguir con la invasión de Ucrania en febrero de 2022, y un posible brote de esa larvada guerra civil-racial en Francia (como así la llaman sus generales[3]), y por si fuera poco, las continuas tensiones

---

[1]   Disponible en: https://www.youtube.com/watch?v=vO7NG-ixN9U&cbrd=1; consultado: 27/2/2024.

[2]   Las Cortes de León de 1088 son consideradas por la UNESCO como la más antigua representación del parlamentarismo (https://www.unesco.org/es/memory-world/decreta-leon-1188-oldest-documentary-manifestation-european-parliamentary-system; consultado: 27/2/2024).

[3]   Disponible en: https://www.elmundo.es/internacional/2021/05/10/6099318321efa004648b4575.html; consultado: 7/9/2023.

de nuestros vecinos del sur, Marruecos y Argelia, hacen que podamos considerar nuestro entorno estratégico como altamente inestable.

Por eso la función pública de seguridad, sobre todo en su perspectiva exterior, el ámbito de la defensa, debería ser lo más prospectiva, proactiva y adaptativa posible, dada la proliferación de conflictos híbridos y de zonas grises, y por supuesto teniendo como uno de sus objetivos la eficiencia, es decir, alcanzar los objetivos fijados al menor coste posible, dada nuestra situación económica, con el lastre del binomio deuda-déficit, y además con un mercado de la defensa que es un clásico ejemplo de mercado imperfecto, por lo que existe un inevitable riesgo de ineficiencia.

Porque las Fuerzas Armadas, según percibe la ciudadanía en las encuestas, son un eficaz instrumento del Estado bien considerado,[4] pues son un magnífico apagafuegos en verano, agentes de la autoridad, vacunadores o comodines en tiempos de pandemia (operación Balmis).[5] Aunque, sorprendentemente, un mayor grupo de población preferiría que estuvieran bajo control y autoridad extranjeros («autoridad supranacional europea» o «autoridad mundial») en un 43 %, frente a los que opinan que tiene que estar «bajo el control exclusivo del Gobierno de la nación», apoyada por un 41,1 % (el resto no sabe o no contesta).[6] Pero la duda que se puede, y se debería plantear, desde una perspectiva de evaluación de políticas públicas es si son una eficiente máquina de guerra, bien engrasada, para disuadir a nuestros potenciales enemigos, propósito de estas líneas.

Cualquier acercamiento, por somero que sea, a un análisis presupuestario, requiere del establecimiento de indicadores que nos llevarán a realizar el siguiente itinerario expositivo; primero, analizaremos la cuantificación del presupuesto del Ministerio de Defensa al inicio, para después calcular y totalizar el gasto militar real en defensa y, posteriormente, observar la ejecución del gasto, es decir, para qué y cuándo se ejecuta el gasto, acabando con las conclusiones, todo ello usando fuentes abiertas, fundamentalmente del propio Ministerio de Defensa y del Ministerio de Hacienda.

---

[4]   Disponible en: https://www.cis.es/cis/export/sites/default/-Archivos/Marginales/3180_3199/3188/es3188mar.pdf; consultado: 7/9/2023.

[5]   Disponible en: https://www.lavanguardia.com/politica/20201127/49742645679/las-fuerzas-armadas-actuaron-en-el-76--de-las-residencias-de-madrid.html; consultado: 28/2/2024.

[6]   Ídem, nota 23.

Finalmente, cabe apuntar que existen múltiples riesgos para el análisis económico-administrativo de este servicio público, como son:

- El pacifismo y el antimilitarismo militante: el primero vinculado en parte a la escasa visibilidad del bien público de la Defensa, y el segundo a posicionamientos sectarios, con propósitos espurios, que pueden provocar la disminución de recursos para la Defensa.
- Su carácter de mercado imperfecto: pues no se cumplen las condiciones de competencia perfecta, ya que tanto los oferentes como los demandantes individuales pueden tener influencia para controlar la producción y establecer los precios en el mercado, lo que nos lleva a considerar que el gasto militar puede tener una marcada tendencia a la ineficiencia.
- Crisis económica: la economía es, entre otras perspectivas, la administración de recursos escasos para hacer frente a necesidades ilimitadas, por lo que, dada su poca visibilidad (como bien público), en situaciones de escasez económica, déficits y/o cumplimiento de los objetivos del pacto de estabilidad y crecimiento de la Unión Europea (3 % del producto interior bruto [PIB] de déficit y 60 % del PIB de deuda[7]), una de las partidas presupuestarias que han sufrido recortes tradicionalmente ha sido la de Defensa.
- Las tensiones político-militares: con ejemplos como la destitución por parte del presidente Barack Hussein Obama II del general Stanley McChrystal, jefe de la misión en Afganistán de la Fuerza Internacional de Asistencia para la Seguridad (ISAF) estadounidense, pues, como recoge el trabajo 13/2016 del Centro Superior de Estudios de la Defensa (CESEDEN)[8] titulado *Relaciones y colaboración cívico militar*, «A partir de la Revolución Francesa se produce un paulatino distanciamiento entre Estado y Fuerzas Armadas...»,[9] hasta la llegada de los

---

[7]   Disponible en: https://eur-lex.europa.eu/legal-content/ES/TXT/PDF/?uri=CELEX:42012A0302(01); consultado: 28/2/2024.

[8]   CESEDEN: versión militar de lo que en una universidad serían el Vicerrectorado de Investigación y la Escuela de Doctorado.

[9]   Disponible en: https://www.ieee.es/Galerias/fichero/docs_trabajo/2016/DIEEET13-2016_Relaciones_y_colaboracion_civico_militar_Ferreiroa-Saldana.pdf, p. 14; consultado: 8/9/2023.

regímenes democráticos. Por otra parte está el pretorianismo, es decir la «influencia política abusiva ejercida por algún grupo militar»,[10] o incluso los políticos de uniforme, generalmente en regímenes totalitarios, que distorsionan las necesidades de la Defensa de una nación.

El inicial presupuesto de defensa

En materia de Defensa, es evidente la necesidad de prevenir y no improvisar, como expresó Dwight D. Eisenhower, político y militar, en su discurso de despedida como presidente de los Estados Unidos el 17 de enero de 1961,[11] y que se complementa con la reformulación moderna del principio de la disuasión del presidente norteamericano Ronald Reagan: «La Historia nos enseña que la guerra empieza cuando los gobiernos creen que el precio de la agresión es barato».[12]

El proceso de presupuestar en la Defensa es complejo, pues se incluye dentro del planeamiento de la Defensa de la Orden Ministerial 60/2015, que tiene como supremo documento la Estrategia de Seguridad Nacional 2021 (ESN 2021), de la que deriva la Directiva de Defensa Nacional 2020 (DDN 2020) que parece debiera ser actualizada,[13] desarrollada por la Directiva de Política de Defensa (DPD

---

[10] Disponible en: https://dle.rae.es/pretorianismo%20?m=form; consultado: 8/9/2023.

[11] «Pero ahora ya no podemos arriesgarnos a improvisar de emergencia para la defensa nacional. Hemos sido compelidos a crear una industria armamentista permanente de vastas proporciones… En los consejos de gobierno, debemos evitar la compra de influencias injustificadas, ya sea buscadas o no, por el complejo industrial-militar». Traducción propia de parte de los párrafos primero y tercero de la página 3 de ese discurso de despedida Disponible en: https://www.eisenhowerlibrary.gov/sites/default/files/research/online-documents/farewell-address/1961-01-17-press-release.pdf; consultado: 10/7/2023.

[12] Discurso a la nación y otros países sobre las relaciones entre Estados Unidos y la Unión Soviética, el 16 de enero de 1984, sexto párrafo. Disponible en: https://www.reaganlibrary.gov/archives/speech/address-nation-and-other-countries-united-states-soviet-relations; consultado: 28/2/2024.

[13] Según se desprende del propio documento (DDN 2020), dado que se basa en la actualización de la anterior Directiva y aparición de un nuevo ciclo de planeamiento «enraizado en la Ley de Seguridad Nacional de 2015 y la Estrategia de Seguridad Nacional de 2017», estrategia sustituida por la ESN 2021.

2020), que le ocurre igual que a la anterior,[14] y que tras ella se fija el Objetivo de Capacidades Militares como resultado del Planeamiento Militar, así como el Planeamiento de Recursos, comprendido por el Planeamiento de Recursos Financieros, el Planeamiento de Recursos Materiales y el Planeamiento de Recursos Humanos, y del que forma parte la presupuestación del Departamento.

Además, este laborioso proceso ha cambiado de cuatrienal (anterior sistema establecido por la Orden Ministerial 37/2005) a sexenal, donde se superponen los finales de cada ciclo con los principios del siguiente, y donde ese alargamiento de vigencia (más allá de una legislatura) parece que ha tenido en su primer ciclo ciertas disfunciones. A los tres años de la aprobación de esa Orden Ministerial 60/2015, se aprobó en enero de 2018 un plan de 30 000 millones de euros para los siguientes años, y cuando debería estar iniciándose su presupuestación se produjo un cambio de opinión, en junio de 2018, por los nuevos responsables, que afirmaron que «ese plan tenía más de virtual que de real».[15] Finalmente, en septiembre de ese mismo año, se expuso que el 2 % de gasto del PIB en Defensa (objetivo aprobado en la Cumbre de la OTAN de Cardiff, Gales, Reino Unido, en 2014) no se podría alcanzar.[16]

No obstante, en menos de cuatro años se aprobó otra propuesta de resolución, esta vez en el debate de política general sobre el Estado de la nación (días 12 al 14 de julio de 2022), entre el partido de Gobierno y el principal partido de la oposición, en la que se instaba a «impulsar un escenario de incremento presupuestario de defensa para lograr el objetivo del 2 % del Producto Interior Bruto fijado en la cumbre de Gales de 2014»,[17] por lo que nuevamente se cambiaba de opinión respecto al nivel de gasto en Defensa.

---

[14] Según se desprende de la propia directiva (DPD 2020), dado que se basa en la DDN 2020, y esta, según lo referido en la nota anterior, parece que debiera ser actualizada.

[15] Disponible en: https://www.elindependiente.com/politica/2018/06/23/plan-inversion-30-000-millones-cospedal-mas-virtual-real/; consultado: 10/7/2023

[16] Comparecencia del titular del Departamento de Defensa en la Comisión de Defensa del Senado, el día 10 de septiembre de 2018, *Diario de sesiones del Senado* n.º. 313, p. 29.

[17] *Boletín Oficial de las Cortes Generales*, Congreso de los Diputados, Serie D, n.º 514, 11 de octubre de 2022, p. 13.

A todos los procesos y planeamientos anteriores, con sus cambios, se debe añadir (por si fuera poco) el ciclo presupuestario financiero (con escenarios presupuestarios plurianuales y su programación trianual posterior) y sus cuatro grandes fases, con la elaboración de los Presupuestos Generales del Estado (PGE) y su correspondiente programación de carácter plurianual (trianual), aprobación y ejecución de carácter anual y su control (previo, concomitante y consuntivo que se puede extender en varios años) de los presupuestos; y que además, con la reforma constitucional en agosto-septiembre de 2011 del artículo 135 de la Carta Magna, se prima la adaptación a criterios y la ponderación de la Unión Europea, por lo que se puede imaginar su complejidad.

Todos esos procesos de planeamiento y presupuestación se plasman, como recoge el artículo 134 de la Constitución Española, anualmente en los PGE que se aprueban por las Cortes, aunque en ocasiones pueden estar prorrogados, como el primer año de esa XIV legislatura (objeto de este análisis). Estos PGE habilitan lo que se puede gastar en Defensa en un año, tema del presente apartado y de la tabla 1.

Como se puede observar a continuación, el inicial presupuesto de Defensa (sector Estado) es el utilizado en la mayoría de las ocasiones como referencia para ver el porcentaje dedicado al servicio público de la Defensa respecto al PIB,[18] y hasta lo que realmente se tiene anualmente para poder decidir en qué gastar y cómo, difiere de la realidad a consecuencia del juego de los gastos comprometidos (tácita o explícitamente) con anterioridad; estos son los gastos de personal[19] y los gastos comprometidos plurianuales (solo apuntamos los Programas Especiales de Armamento [PEA]) dándonos un máximo de solo un 20,26 % de remanente medio de la legislatura en términos relativos, pues faltaría la consolidación de todo el resto de los compromisos de gasto de carácter plurianual, por lo que más del 80 % del crédito presupuestario al inicio del año no está disponible, por estar de una forma u otra ya comprometido.

---

[18]   Disponible en: https://www.defensa.gob.es/Galerias/presupuestos/presupuesto-MINISDEF-2023.pdf, p. 10.

[19]   Respecto a la asignación de este tipo de gastos, se debe considerar el hecho de que hay tres grupos de personal, la tropa, los suboficiales y los oficiales, en los que se ponderan las siguientes tres características, la ocupacional, la profesional y la vocacional, combinándolas de diferente forma y en distinta proporción.

Tabla 1. Presupuestos de la XIV legislatura en millones de euros de cada ejercicio[20]

Concepto/año Ministerio de Defensa	2020	2021	2022	2023
Presupuesto inicial	8737,40[a]	9411,94[g]	10 155,27[h]	12 827,18[f]
Gastos de personal (inelásticos)	4843,05[a]	5080,51[g]	5254,64[h]	5375[f]
Gastos comprometidos plurianuales (solo PEA)	2164,47[a]	2341,58[g]	2848[h]	4901,72[f]
Total créditos no disponibles	7007,52	7422,09	8102,64	10 276,72
Remanente disponible	1729,88	1989,85	2052,63	2550,46
Remanente máximo disponible respecto al presupuesto inicial	19,8 %	21,14 %	20,21 %	19,88 %

PEA: Programas Especiales de Armamento. Fuente: datos obtenidos de la web oficial del Ministerio de Defensa[21].

CUÁNTO SE GASTA EN DEFENSA

En el apartado anterior se recordó el objetivo mínimo de gasto militar para los países de la Alianza Atlántica (acordado en su momento)

---

[20] La letra de superíndice está disponible en:

(a) Disponible en: https://www.igae.pap.hacienda.gob.es/sitios/igae/es-ES/Contabilidad/ContabilidadPublica/CPE/EjecucionPresupuestaria/Documents/LIQUIDACION%20ESTADO_2020%20(INTERNET).pdf.

(b) Disponible en: https://www.igae.pap.hacienda.gob.es/sitios/igae/es-ES/Contabilidad/ContabilidadPublica/CPE/EjecucionPresupuestaria/Documents/LIQUIDACION%20ESTADO_2021%20(INTERNET).pdf.

(c) Disponible en: https://www.igae.pap.hacienda.gob.es/sitios/igae/es-ES/Contabilidad/ContabilidadPublica/CPE/EjecucionPresupuestaria/Documents/12-EXTRACTO%2012-22.pdf.

(d) ejecución hasta el 31 de julio de 2023 https://www.igae.pap.hacienda.gob.es/sitios/igae/es-ES/Contabilidad/ContabilidadPublica/CPE/EjecucionPresupuestaria/Documents/EXTRACTO%2007-23.pdf.

(e) Disponible en: https://www.igae.pap.hacienda.gob.es/sitios/igae/es-ES/Contabilidad/ContabilidadPublica/CPE/EjecucionPresupuestaria/Documents/AVANCE%20ESTADO_2022%20(INTERNET).pdf.

(f) Disponible en: https://www.defensa.gob.es/Galerias/presupuestos/presupuesto-MINISDEF-2023.pdf.

(g) Disponible en: https://www.defensa.gob.es/Galerias/presupuestos/presupuesto-MINISDEF-2021.pdf.

(h) Disponible en: https://www.defensa.gob.es/Galerias/presupuestos/presupuesto-MINISDEF-2022.pdf.

[21] Disponible en: https://www.defensa.gob.es/Galerias/presupuestos/

en un 2 % del PIB, para así poder hacer frente a los desafíos de seguridad en el entorno de incertidumbre en el que vivimos, denominado por algunos segunda o nueva guerra fría,[22] y que se evidenció que podría acontecer en un ya lejano 2008 con la invasión de Georgia por parte de Rusia.[23]

Para ver el grado de cumplimiento de ese compromiso internacional es fundamental saber cuánto se gasta realmente en la Defensa, utilizando diferentes estadísticas y datos, para garantizar el correcto cómputo, y no caer en la afirmación popularizada por Mark Twain: «hay tres tipos de mentiras: mentiras, grandes mentiras y estadísticas».[24]

Esos datos y su consolidación dependen de la apertura del diafragma a la hora de tomar la imagen, es decir, la perspectiva del gasto total en la Defensa, más o menos completa, y según sean los parámetros internacionales que se adopten. Porque, además de los gastos en Defensa, sector Estado, existen otros propios de los organismos integrantes del sector público institucional estatal[25] dependientes del Ministerio de Defensa (MINISDEF), y que se integran en la sección presupuestaria 14 Ministerio de Defensa.

Asimismo, en el desarrollo de la ejecución presupuestaria durante el ejercicio, en ocasiones, pueden surgir gastos no previstos (en teoría), por lo que, según lo dispuesto en la Ley 47/2003, de 26 de noviembre, General Presupuestaria en su capítulo IV, los presupuestos podrán ser modificados; y, por tanto, estas modificaciones presupuestarias también deberán ser consolidadas para obtener el total de lo gastado.

Las consolidaciones anteriores las representaremos en la tabla 2.

---

[22]   Disponible en: https://valenciaplaza.com/2-guerra-fria-la-cuenta-atras, del propio autor de estas líneas; consultado: 22/2/2024

[23]   Diario *Valéncia Hui*, del propio autor de estas líneas, del 10/9/2008 —«Los separatismos ensangrientan la periferia europea»— y del 20/9/2008 —«Iberoamérica, 2° frente en la nueva Guerra Fría».

[24]   De antemano pido disculpas a la hora de transcribir cifras por los posibles errores o imprecisiones cometidas, como el uso de cifras no actualizadas al valor monetario corriente, y que las fuentes no determinan.

[25]   Título II, Organización y funcionamiento del sector público institucional, de la Ley 40/2015, de 1 de octubre, de Régimen Jurídico del Sector Público, *BOE* n.° 236, de 2 de octubre de 2015.

Tabla 2. Presupuestos consolidados de la XIV legislatura, en millones de euros por ejercicio*

Presupuesto/año	2020	2021	2022	2023
Ministerio de Defensa, sector Estado	8737,39[a]	9411,93[g]	10 155,27[h]	12 827,18[f]
OOAA MINISDEF	1179,64[a]	1151,36[g]	1231,76[h]	1289,60[f]
Centro Nacional de Inteligencia	281,95[a]	299,87[g]	322,27[h]	337,05[f]
MINISDEF consolidado	10 198,98[a]	10 863,16[g]	11 709,30[h]	14 453,83[f]
Modificaciones presupuestarias	848,8[a]	1441,12[b]	3628,86[b]	2303,17[d]
Total gastos Defensa consolidado	11 046,78	12 304,28	15 337,16	16 757

MINISDEF: Ministerio de Defensa. * Según los datos de la tabla 1, nota 20.

Si a las anteriores cifras, medidas en unidades monetarias, se le aplica su relación con el PIB nacional, obtenemos los porcentajes de la relación de presupuestos de la Defensa respecto al PIB[26] mostrados en la tabla 3.

Estos nuevos datos nos hacen actualizar los datos de la tabla 1, resultando los que se muestran en la tabla 4.

Como se puede observar, del inicial presupuesto de Defensa (sector Estado), que, como ya hemos dicho, se utiliza como referencia

Tabla 3. Ratio producto interior bruto/gastos de Defensa*

Presupuesto/PIB × año	2020	2021	2022	2023
MINISDEF sector Estado	0,72 %	0,78 %	0,80 %	1,001 %
Media legislatura del presupuesto MINISDEF sector Estado	0,825 %			
MINISDEF consolidado	0,84 %	0,90 %	0,93 %	1,13 %
Total gastos Defensa consolidado	0,91 %	1,02 %	1,21 %	1,31 %
Media de la legislatura del total de los gastos en Defensa consolidados respecto al PIB	1,11 %			

MINISDEF: Ministerio de Defensa; PIB: producto interior bruto. * Según los datos de la tabla 2.

---

[26] Datos obtenidos de los PIB: https://www.defensa.gob.es/Galerias/presupuestos/presupuesto-MINISDEF-2023.pdf, p. 10.

Tabla 4. Actualización de datos de las tablas 1, 2 y 3 *

Concepto/año	2020	2021	2022	2023
Presupuesto MINISDEF inicial	8737,40[a]	9411,94[g]	10 155,27[h]	12 827,18[f]
Total MINISDEF consolidado	10 198,98[a]	10 863,16[g]	11 709,30[h]	14 453,83[f]
Total gastos Defensa consolidado	11 046,78	12 304,28	15 337,16	16 757
Incremento del presupuesto inicial al total consolidado	26,43 %	30,7 %	51,03 %	30,64 %
Media de la legislatura del incremento del presupuesto inicial sobre el total consolidado	34,7 %			
Incremento debido a las modificaciones del inicio	9,71 %	15,31 %	35,73 %	17,95 %
Media de la legislatura del incremento debido a las modificaciones del presupuesto inicial	19,675 %			
Remanente final	3726,38	4570,24	6916,55	6148,84
Aumento debido a modificaciones sobre el remanente final	29,5 %	46,05 %	110,38 %	59,89 %
Media de la legislatura del incremento debido a las modificaciones del remanente final	61,45 %			

MINISDEF: Ministerio de Defensa. * Según los datos de la tabla 1, nota 20.

para analizar el porcentaje dedicado al servicio público de la Defensa respecto al PIB, hasta lo que realmente se consolida para ejecutar los gastos en la Defensa, por el juego de las modificaciones presupuestarias, e incluir los organismos que conforman la sección 14 de los PGE (MINISDEF), se obtiene que la media de la legislatura —sobre los gastos de la Defensa inicialmente aprobados, que se recogen en numerosos documentos que los analizan— es de un 0,825 %; y si se consolidan las modificaciones presupuestarias y los organismos del MINISDEF, esta ratio sube al 1,11 %, como recoge la tabla 3 (supone más de un tercio de incremento), y que en la siguiente tabla se calcula en un 34,7 % de incremento.

De las cantidades cambiantes y citadas anteriormente, las modificaciones presupuestarias son aquellas que teóricamente no están previstas y que actúan también de forma coyuntural (cada año varían en función de las disponibilidades económicas y otros diversos parámetros), y que han supuesto como media de la legislatura prácticamente un 20 %, exactamente un 19,675 %, y que, como se sabe, adolecen de una suspicaz imprevisibilidad cuando en general son modificaciones para hacer frente a misiones internacionales, que anualmente se prorrogan el año anterior, o para pagar los PEA, cuyos créditos extraordinarios han sido en alguna ocasión, por esa cuestión, considerados inconstitucionales por el alto tribunal, en concreto, por ejemplo, la Sentencia 126/2016, de 7 de julio de 2016, del Tribunal Constitucional.

Si esas modificaciones presupuestarias se ponderan respecto a lo disponible para gastar sin estar sujeto a compromisos de años anteriores, y que hemos denominado remanente final, las coyunturales modificaciones presupuestarias suponen de media un 61,45 %, es decir, lo que se decide ejecutar cada año en Defensa depende en más de la mitad —cerca de dos tercios— de un instrumento coyuntural anual como son las modificaciones presupuestarias.

Pero además de esos datos nacionales oficiales, existen otras entidades y organizaciones internacionales que realizan sus análisis y considerandos respecto a los gastos que nos ocupan. El primero que aportamos será el de la principal organización regional internacional de seguridad, como es la OTAN, a la que pertenece España.

Según la «definición común de gasto en defensa»[27] OTAN, existente desde principios de la década de los 50 del siglo XX, revisada periódicamente y actualizada en 2023, se consideran los siguientes componentes que integran el gasto en Defensa:

- Financiación común de la OTAN y los fondos fiduciarios gestionados por la OTAN.
- Pagos a las Fuerzas Armadas con cargo al presupuesto del Ministerio de Defensa, en las que se incluyen «fuerzas terrestres, marítimas y aéreas, así como formaciones conjuntas, como Administración y Comando, Fuerzas de Operaciones Especiales, Servicio Médico, Comando Logístico, Comando Espacial, Comando Cibernético».
- Otras fuerzas, como las tropas del Ministerio del Interior, las fuerzas de Policía Nacional, los guardacostas cuando puedan operar

---

[27]   Disponible en: https://www.nato.int/cps/en/natohq/topics_49198.htm; consultado: 22/2/2024.

bajo la autoridad militar directa en las operaciones desplegadas y pueden, siendo realistas, desplegarse fuera del territorio nacional en apoyo de una fuerza militar.[28]

- Gastos en otras fuerzas financiados con cargo a los presupuestos de ministerios distintos del Ministerio de Defensa también se incluyen en los gastos de Defensa.
- Las pensiones de jubilación concedidas directamente por el Gobierno a los empleados militares y civiles retirados de los departamentos militares y al personal en activo se incluyen en la definición de gastos de defensa de la OTAN.
- Gastos para operaciones, misiones, compromisos internacionales y otras actividades, mantenimiento de la paz y las operaciones humanitarias pagados por el Ministerio de Defensa u otros ministerios.
- Destrucción de armas, equipos y municiones, y los gastos relacionados con la inspección y el control de la destrucción de equipos.
- Gastos de almacenamiento de reservas de guerra de equipo militar terminado o suministros para uso directo de las fuerzas armadas.
- Actividades mixtas civiles y militares, pero solo cuando el componente militar puede contabilizarse o estimarse específicamente.
- La investigación y desarrollo (I+D), incluyendo la de los proyectos que no conducen con éxito a la producción de equipos.
- La asistencia militar y financiera de un aliado a otro, específicamente para apoyar el esfuerzo de defensa del beneficiario.
- El gasto en infraestructura común de la OTAN se incluye en el gasto total de defensa de cada aliado solo en la medida de la contribución neta de ese país.

Como se puede comprobar, los gastos que se consideran como de Defensa van más allá de lo presupuestado en la sección 14 (MINISDEF) de los Presupuestos Generales del Estado. Por tanto, las cifras que la OTAN publica de los gastos de sus Estados miembros,

---

[28] Caso evidente de la Guardia Civil, por su carácter militar y despliegue en operaciones internacionales, tanto en solitario (http://www.coleccionguardiacivilagb.com/ misioacuten-unmik-koacutesovo.html; consultado: 22/02/2024) en la Misión UNMIK, Kósovo por la Resolución 1244 del Consejo de Seguridad, de 10 de junio de 1999, o integrada en contingentes de las FAS, y que en el caso de la Policía Nacional es más discutible, aunque participe en 13 misiones internacionales según la propia web https://www.policia.es/ _es/comunicacion_prensa_detalle.php?ID=5213# (consultado: 22/2/2024).

generalmente, difieren de las publicadas por esos mismos Estados, como es nuestro caso, según lo recogido en la tabla 1 de los gastos en Defensa en unidades monetarias corrientes (*Table 1: Defence expenditure Million national currency units*[29]) de su propia web, y que para la XIV legislatura daría unas cifras en millones de euros de 11 240 para el año 2020, 12 546 para el 2021, 14 135 para el 2022, y para el año 2023 de 18 045, y que más adelante las integraremos en una nueva tabla.

Además de la anterior organización internacional pública, existen otras de carácter privado e independiente que realizan sus propios análisis respecto a los gastos en Defensa. Entre ellos, y para acotar por la gran cantidad que existen, hemos elegido el Stockholm International Peace Research Institute (SIPRI) por lo accesible de sus bases de datos y su consideración de «instituto internacional independiente»[30]. En su web existe una entrada, Base de datos de gastos militares del SIPRI («SIPRI Military Expenditure Database»[31]), donde se obtienen las siguientes cifras de gastos en la Defensa para la XIV legislatura: daría unas cifras en millones de euros de 15 292 para el año 2020, 16 526 para el 2021, y 19 307 para el 2022, no existiendo cifras para el año 2023. Consolidando todas las nueva cifras, obtendremos los datos de la tabla 5.

Tabla 5. Integración de los datos de la OTAN y SIPRI con los obtenidos en la tabla 4, en millones de euros y porcentaje del producto interior bruto

Concepto/año	2020	2021	2022	2023
Total Defensa consolidado ejecutado	11 046,78	12 304,28	15 337,16	16 757
	0,91 %	1,02 %	1,21 %	1,31 %
OTAN	11 240	12 546	14 135	18 045
	0,93 %	1,043 %	1,12 %	1,41 %
SIPRI	15 292	16 526	19 307	—
	1,26 %	1,374 %	1,53 %	—

OTAN: Organización del Tratado del Atlántico Norte; SIPRI: Stockholm International Peace Research Institute.

---

[29]   Disponible en: https://www.nato.int/nato_static_fl2014/assets/pdf/2023/7/pdf/230707-def-exp-2023-en.pdf, consultado: 22/2/2024.

[30]   Disponible en: https://www.sipri.org/, consultado: 22/2/2024. SIPRI es un instituto internacional independiente dedicado a la investigación sobre conflictos, armamentos, control de armamentos y desarme. Establecido en 1966, SIPRI proporciona datos, análisis y recomendaciones basados en fuentes abiertas.

[31]   Disponible en: https://www.sipri.org/databases/milex, consultado: 22/2/2024.

Por otra parte, también a nivel nacional existen centros de análisis sobre cuestiones de paz, seguridad y defensa, entre los cuales seleccionaremos por su continuidad y lo detallista de sus estudios objeto de este trabajo (aunque más adelante expondremos alguna discrepancia) al Centre Delàs, aunque otra cuestión serán las conclusiones que obtienen a partir de esos datos numéricos. En la tabla 6[32]

Tabla 6. Gasto total en Defensa. Datos obtenidos del Centre Delàs 35

Conceptos	2020	2021	2022	2023
Ministerio de Defensa	8737,39	9411,93	10 155,27	12 827,18
OOAA del Ministerio de Defensa	1179,64	1151,36	1231,76	1289,60
Centro Nacional de Inteligencia	281,95	299,87	322,27	337,05
Total Ministerio de Defensa	10 198,98	10 863,16	11 709,30	14 453,83
Clases pasivas militares	3325,88	3545,52	3665,16	4015,09
Pensiones guerra (Clases pasivas)	158,82	104,10	83,93	81,09
ISFAS (Aportaciones a mutualismos)	649,02	660,41	699,05	699,99
Guardia Civil (Ministerio del Interior)	2775,17	3421,20	3521,23	3672,03
Apoyo a la innovación I+D (Ministerio de Industria)	467,61	676,55	708,20	1601,15
MAAEE OO militares internacionales	19,48	26,39	236,03	236,03
Diferencia presupuesto inicial/liquidado	1200,75	1081,06	2847,26	1449,22
Total Defensa criterio OTAN	17 561,51	20 378,39	23 470,16	26 208,43

(Continúa)

---

[32] Disponible en: https://centredelas.org/publicacions/despesamilitarreal2023/?lang=es#:~:text=Pero%20seg%C3%BAn%20el%20an%C3%A1lisis%20del%20Centre%20Del%C3%A0s%2C%20que,el%20equivalente%20a%2075%2C7%20millones%20de%20euros%20diarios, consultado: 20/6/2023.

Tabla 6. Gasto total en Defensa. Datos obtenidos del Centre Delàs 35 (*cont.*)

Conceptos	2020	2021	2022	2023
Intereses de la Deuda Pública	1234,20	1178,40	1347,45	1409,00
TOTAL GASTO MILITAR FINAL	18 795,71	21 556,79	24 817,61	27 617,43
Gasto militar liquidado/ PIB	1,47%	1,80%	1,98%	2,17%

Fuente: Centre Dèlas Como se puede observar, el realiza una consolidación de datos con la que se alcanza el objetivo OTAN del 2% casi en el ejercicio 2022, y se sobrepasa en el ejercicio 2023, y eso que subestima las modificaciones presupuestarias, pues realizó una estimación de 1449,22 millones de euros cuando hasta julio de 2023, fecha de las elecciones y fin de la legislatura, se totalizaron unos 2303,17 millones de euros, y en el 2022 calculó que habían sido 2847,26 millones de euros, cuando realmente fueron 3628,86 millones.

consolidamos las cifras del gasto en Defensa que aportan y, según afirman, siguiendo los criterios OTAN:

Los equívocos, o las diferentes interpretaciones, que se pueden realizar de la anterior consolidación son fundamentalmente tres; primero, existe una doble imputación de las aportaciones a mutualismos (Instituto Social de las Fuerzas Armadas [ISFAS]), pues ya está recogido en el gasto de los organismos autónomos del MINISDEF; en segundo lugar, la suma total del presupuesto de la Guardia Civil a los gastos de Defensa es un exceso, en mi opinión, pues aunque es verdad que es una institución militar sometida a esa disciplina, no sería factible su despliegue total en operaciones y «siendo realistas, desplegarse fuera del territorio nacional en apoyo de una fuerza militar» como dice la definición OTAN; y finalmente, en tercer lugar, la inclusión de los intereses de la Deuda Pública correspondientes a los gastos militares, aunque en un estudio maximalista, meticuloso y teórico desde la contabilidad analítica o de costes se podría considerar en parte, el hecho es que la deuda de España (así como prácticamente la totalidad de los países) está mutualizada y casi ningún Estado considera ni imputa estos costes a los gastos de Defensa. Finalmente, tampoco se consideran en el anterior estudio del Centre Dèlas, por ejemplo, las pensiones del personal civil del MINISDEF.

A continuación, plasmamos en la tabla 7 el cálculo propio que realizamos siguiendo los criterios OTAN, referente fundamental

Tabla 7. Gasto total en defensa

Conceptos	2020	2021	2022	2023
MINISDEF sector Estado	8737,39	9411,93	10 155,27	12 827,18
OOAA del MINISDEF	1179,64	1151,36	1231,76	1289,60
Centro Nacional de Inteligencia	281,95	299,87	322,27	337,05
MINISDEF consolidado	10 198,98	10 863,16	11 709,30	14 453,83
Clases pasivas militares	3325,88	3545,52	3665,16	4015,09
Pensiones guerra (Clases pasivas)	158,82	104,1	83,93	81,09
Guardia Civil 50 % (MIR)	1387,58	1710,6	1760,61	1836,01
Apoyo a la innovación I+D (Ministerio de Industria)	467,61	676,55	708,20	1601,15
MAAEE OO militares internacionales	19,48	26,39	236,03	236,03
Modificaciones presupuestarias	848,8	1441,12	3628,86	2303,17
TOTAL GASTO MILITAR FINAL	16 407,15	18 367,44	21 792,09	24 526,37
Gasto militar liquidado/PIB	1,35 %	1,52 %	1,72 %	1,91 %

MINISDEF: Ministerio de Defensa;: Ministerio del Interior. Fuente: elaboración propia en base a las tablas anteriores y lo manifestado en el texto.

para la cuestión del objetivo del 2 %. Por otra parte, aplicaremos parte de los considerandos anteriormente citados, pero no consolidaremos los intereses de la Deuda, tampoco podremos incluir (pero se debería, aunque no está en fuentes abiertas) los gastos de las pensiones del personal civil (tanto funcionario como laboral) que han trabajado en el MINISDEF.

Para la imputación de gastos de fuerzas del Ministerio del Interior (MIR), para el caso de la Guardia Civil, como ya he adelantado, no se puede incluir el total, porque existen servicios como el Servicio de Protección de la Naturaleza (SEPRONA), Policía Judicial o de la Fiscalía, etc., que son difícilmente proyectables al exterior o desplegables en operaciones (requisito), por eso evaluaremos en un 50 %

esa imputación del presupuesto de la Guardia Civil[33] a los gastos militares-Defensa, dado su carácter militar y su despliegue en operaciones internacionales, tanto en solitario como en la Misión UNMIK, Kósovo por la Resolución 1244 del Consejo de Seguridad de 10 de junio de 1999,[34] o integrada en contingentes de las FAS como equipos de protección a las autoridades militares desplegadas, de Policía Militar especial o incluso *provost marshal*.[35]

Por otra parte, no se han podido incluir ciertos gastos, relativamente pequeños que —esperemos y creemos— no desvirtuarán el resultado del análisis, pues hay otras unidades del MIR que se podrían incluir en estos gastos pertenecientes al Cuerpo Nacional de Policía, como el Grupo Especial de Operaciones (GEO), los Grupos Operativos Especiales de Seguridad (GOES), las Unidades de Intervención Policial (UIP) o los efectivos desplegados ya (aunque escasos) en misiones internacionales, que en algunos momentos han alcanzado el número de 13,[36] e incluso en otros ministerios, cierta labor de las unidades aeronavales de vigilancia aduanera en el ámbito de seguridad exterior.

Para finalizar este apartado, tras comprobar que en el último ejercicio 2023, según el análisis del que suscribe, los gastos en Defensa se han acercado mucho al objetivo del 2 % del PIB, porcentaje que solo se alcanzó en el período 1982-1985 dentro del actual régimen constitucional,[37] agregamos a continuación en la tabla 8 los distintos cálculos que hemos expuesto anteriormente según diferentes organismos, de los gastos en Defensa y su ratio con el PIB.

Como se puede observar, el debate del gasto ínfimo en Defensa en España es matizable, pues se usan muchas veces —pudiera ser interesadamente— las cifras de los cálculos por debajo del 1 % del PIB, cuando desde casi el inicio de la anterior legislatura prácticamente

---

[33]   Pues el que suscribe tiene cierta experiencia como Director de Programas Presupuestarios en la Guardia Civil, Zona de Navarra.

[34]   Disponible en: http://www.coleccionguardiacivilagb.com/misioacuten-unmik-koacutesovo.html, consultado: 22/2/2024.

[35]   Jefe de Policía Militar de una base.

[36]   La Policía Nacional participaba en 13 misiones internacionales según la propia web https://www.policia.es/_es/comunicacion_prensa_detalle.php?ID=5213#, consultado: 22/2/2024.

[37]   Francisco Pérez Muinelo (2015). *El gasto de Defensa en España 1946-2015*. Madrid: Ministerio de Defensa; pp. 98-99.

Tabla 8. Porcentaje del gasto en Defensa en España sobre PIB

Defensa/PIB	2020	2021	2022	2023
Presupuesto inicial MINISDEF sector Estado	0,72%	0,78%	0,80%	1,001%
Total consolidado y ejecutado MINISDEF	0,91%	1,02%	1,21%	1,31%
Gastos Defensa según OTAN	0,93%	1,043%	1,12%	1,41%
Gastos Defensa según SIPRI	1,26%	1,374%	1,53%	—
Gastos Defensa según el autor	1,35%	1,52%	1,72%	1,91%
Gastos Defensa según Centre Dèlas	1,47%	1,80%	1,98%	2,17%

MINISDEF: Ministerio de Defensa; OTAN: Organización del Tratado del Atlántico Norte; SIPRI: Stockholm International Peace Research Institute. Fuente: elaboración propia en base a las tablas anteriores.

superamos el 1,5% del PIB, y en su último año 2023, primero de la actual, estamos alcanzando casi el objetivo de la Cumbre de Wales de la OTAN de 2014 del 2% del PIB.

BALANCE DEL GASTO EN DEFENSA

Para realizar un análisis o comparativa de los gastos en Defensa, se debe atender a su tipologías; dada la extensión de las presentes líneas, vamos a distinguir en primer lugar la clásica diferencia de gastos de personal y de material, que después compararemos con los de otros países miembros de la Alianza Atlántica, aunque con un mayor desglose.

En la figura 1 se pueden observar las fluctuaciones en la relación de gastos de personal y gastos de material durante el siglo XXI, teniendo en cuenta que entre los años 80 y 90 del pasado siglo se fijó como objetivo deseable a alcanzar que la relación entre estos dos tipos de gastos fuera de un 40% para los de personal y de un 60% para los gastos de material;[38] como podemos observar en este siglo XXI, no ha sido así hasta el momento. Los gastos de personal han sido siempre

---

[38] Félix Arteaga, Intervención ante la Comisión Mixta Congreso-Senado para la plena profesionalización de las FFAA, 1 de junio de 1998. Disponible en: http://www.gees.org/articulos/intervencion-ante-la-comision-mixtacongreso senado-para-la-plena-profesionalizacion-de-las-ffaa#sthash.dAHP6oZ3.dpuf , consultado: 3/4/2024.

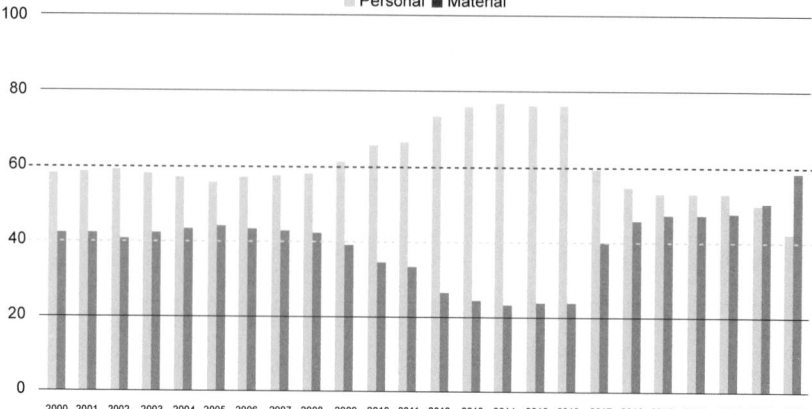

Figura 1. Relación de gastos de personal y gastos de material en el siglo XXI en España. MINISDEF: Ministerio de Defensa.

más altos que los gastos de material, a excepción del año 2022, en el que los gastos de material superaron ligeramente a los del personal, y en el ejercicio 2023, donde prácticamente se alcanzó ese 40/60 por primera vez en la historia del régimen constitucional, pues solo en la segunda mitad de los años 80 (años 1984, 1985, 1987, 1988, 1989 y 1990) los gastos de material superaron ligeramente a los gastos de personal.[39]

Para tener en cuenta el significado de este logro, pues en la gestión de personal no todo es cuestión de dinero, recordemos cómo después de décadas (desde el comienzo de los años 80 del siglo XX) se ha transmitido a la oficialidad de las FAS, sobre todo al Ejército de Tierra, el mensaje de que todas las transformaciones, los planes META, RETO, NORTE, Brigadas Polivalentes, Fuerza 2035, etc. —algunas de ellas muy complicadas en las cuestiones de personal— eran para lograr un ejército con material más moderno y con integrantes más jóvenes, cuando, según lo publicado, así se desprende del supuesto informe del Mando de Adiestramiento y Doctrina (MADOC)[40] o del

[39]   Francisco Pérez Muinelo (2015). *El gasto de Defensa en España 1946-2015*. Madrid: Ministerio de Defensa; p. 111.

[40]   El informe, al que ha tenido acceso *El Confidencial Digital*, ha sido elaborado por la Subdirección de Investigación del Mando de Adiestramiento y Doctrina (MADOC), bajo el título «El futuro de la profesionalización y envejecimiento del personal en el ET». Disponible en: https://www.atme.es/informe-interno-el-ejercito-espanol-se-ha-hecho-viejo/, consultado: 26/2/2024.

artículo de Miguel González en *El País* «El Ejército español enveje-ce»,[41] se produce un continuo envejecimiento del personal, en parte producto de la eliminación del servicio militar, y el actual proceso y sistema de profesionalización.

Además, también parecen existir ciertas disfunciones en los cua-dros de mando y su formación, de lo que se desprende del artículo en la *Revista General de la Marina* de julio de 2021, «La "Fuga de Talento" en la Armada»,[42] en donde se pone de manifiesto los fichajes por empresas civiles de cuadros de mandos de la Armada, y contra los que la institución militar, por ejemplo en lo que respecta a salarios, no puede competir con el sector privado. En el Ejército de Tierra (ET) también tiene su propia idiosincrasia en cuanto cuadros de mandos, como recoge la Asociación de Militares Españoles en su web con la entrada «Déficit de oficiales del ET», donde se manifiesta que el Ejército de Tierra está comunicando a sus mandos (citando a repre-sentantes de las promociones afectadas por el recorte de un año del tiempo mínimo para promocionar) las modificaciones respecto a los ascensos para disminuir el déficit de «tenientes coroneles, coman-dantes y capitanes».[43]

En cuanto a su formación, hace algún año —con motivo de la doble formación universitaria (ingenierías) y militar para la escala superior de oficiales— , se pudo leer un artículo que se titulaba «Por qué está fracasando la Academia General Militar. Profesores civiles, menos ins-trucción castrense y rebaja del tiempo de estudio»,[44] que ha llevado a realizar modificaciones, como también se ha recogido por la prensa: «Cambios en los estudios de la Academia General Militar: menos mate-máticas y más derecho desde el curso 2024-25».[45] Respecto al material, existen infinidad de publicaciones y artículos sobre su antigüedad,

---

[41]   Disponible en: https://elpais.com/politica/2018/03/02/actualidad/1520014446_799025.html, consultado: 23/1/2024.

[42]   Disponible en: https://armada.defensa.gob.es/archivo/rgm/2021/07/rgmjul2021cap08.pdf, consultado: 27/2/2024.

[43]   Disponible en: https://ame1.org.es/107057-2/, consultado: 27/2/2024.

[44]   Disponible en: https://www.elconfidencialdigital.com/articulo/defensa/Academia-General-Militar-Profesores-instruccion/20120920030000066591.html, con-sultado: 27/2/2024.

[45]   Disponible en: https://www.heraldo.es/noticias/aragon/2023/07/24/agm-estudios-derecho-liderazgo-academia-general-militar-1667617.html, consultado: 27/2/2024.

como «Obsolescencia por tierra, mar y aire: el grave problema de las Fuerzas Armadas españolas», publicado en *El Confidencial*.[46]

Y, finalmente, abundando en la búsqueda de criterios de operatividad y eficiencia en el gasto, recordemos que anualmente existe una partida presupuestaria, el programa 121O Reserva, correspondiente a los gastos del personal militar en la reserva, reserva transitoria y segunda reserva, una especie de prejubilación, cuyos montantes son de 526,21 millones de euros para el año 2020, 534,71 millones para 2021, 572 millones para 2022 y 579,99 millones para 2023, lo que correspondería a un 10,86 %, 10,52 %, 10,88 % y 10,79 % correlativamente respecto a los gastos del capítulo 1 de gastos de personal de cada año, por lo que se distorsiona claramente cualquier cálculo de eficiencia en este tipo de gastos.

Tras ver la figura 1 y la correlación de gastos de material y de personal en nuestro presupuesto de Defensa, vamos a realizar, como hemos adelantado, la comparativa con países de nuestro entorno (miembros de la Alianza Atlántica), en concreto Italia y Reino Unido.[47,]

En las tablas 9 y 10 se han obtenido los datos del SIPRI; en la primera, con los datos del porcentaje de los gastos de la Defensa en relación con el PIB, y en la segunda, por la relación con los presupuestos generales del Gobierno.

Tabla 9. Relación percentil de gastos de Defensa con el PIB, origen SIPRI[48]

SIPRI Presupuesto Defensa/PIB NATO miembros	2020	2021	2022
Italia	1,74 %	1,72 %	1,68 %
España	1,37 %	1,37 %	1,47 %
Reino Unido	2,16 %	2,16 %	2,23 %

NATO: Organización del Tratado del Atlántico Norte; PIB: producto interior bruto; SIPRI: Stockholm International Peace Research Institute.

---

[46] Disponible en: https://www.elconfidencial.com/tecnologia/2019-09-28/problemas-ejercito-espanol-defensa-374_2258563/, consultado: 25/1/2024.

[47] Los motivos de elegirlos han sido los siguientes; Italia, por sus semejanzas, es un país del sur de Europa, mediterráneo, que sufre la presión demográfica del norte de África, es también una península, con territorio principalmente continental, aunque con soberanías insulares; respecto a Reino Unido, se trata de un país con una política exterior proactiva, que utiliza los medios de Defensa en ello, y con una gran tradición marítima.

[48] Disponible en: https://www.sipri.org/databases/milex, consultado: 22/2/2024.

Tabla 10. Relación percentil de los gastos de Defensa con los presupuestos del Gobierno, origen SIPRI 60

SIPRI Presupuesto Estado/ Presupuesto Defensa NATO members	2020	2021	2022
Italy	3,06%	3,11%	3,17%
Spain	2,60%	2,74%	3,14%
United Kingdom	4,33%	4,72%	5,29%

NATO: Organización del Tratado del Atlántico Norte; SIPRI: Stockholm International Peace Research Institute.

En la figura 2 se muestra, para el año 2023, la comparativa de las principales categorías de los gastos de Defensa, extraída de la web de la OTAN, incluyendo a Estados Unidos.

Se constata que tenemos un gran gasto en el capítulo de personal, el segundo más cuantioso (con más de un 10% ineficiente por ser para

Main categories of defence expenditure (%) (percentage of total defence expenditure) 2023e

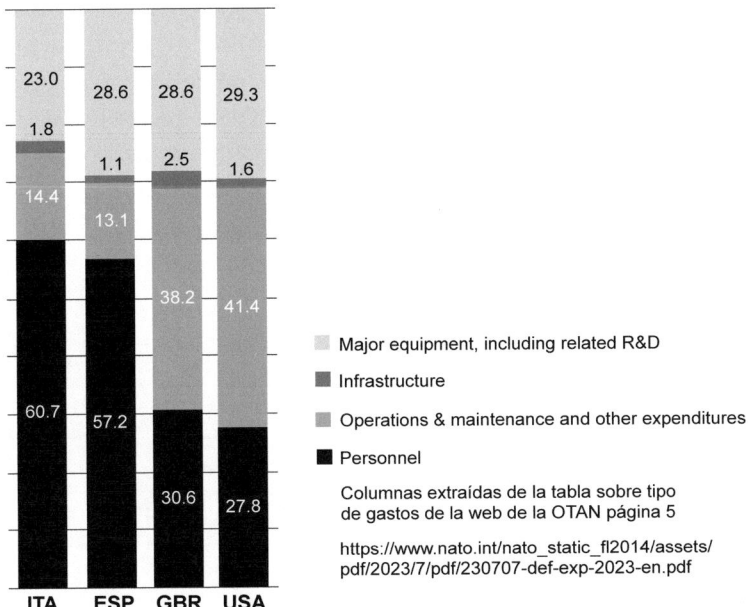

Figura 2. Comparación de los gastos entre Italia, España, Reino Unido y Estados Unidos en 2023 según la OTAN.[49]

---

49   Disponible en: https://www.nato.int/nato_static_fl2014/assets/pdf/2023/7/pdf/230707-def-exp-2023-en.pdf, consultado: 22/2/2024.

personal en la reserva), somos el país que menos invierte en operaciones y mantenimiento, así como en infraestructura, y estamos en una posición intermedia (segundo-tercer puesto) en gastos de equipamientos y equipo principal, lo cual es interpretable, dado que es una foto fija del ejercicio 2023.

Para continuar en este análisis de eficiencia, vamos a realizar la comparativa (dado que el gasto de personal es el más cuantioso, hasta los dos últimos años de nuestro presupuesto) entre la relación de efectivos en activo y la población de cada país, y por otra parte la comparativa entre los efectivos en activo y las tropas desplegadas en el exterior de cada uno de ellos. Esta última comparación se debe a que una de las principales líneas de acción del departamento de Defensa son las operaciones de mantenimiento de la paz (OMP), como se puede deducir del hecho de que en la mayoría de las 16 directrices de actuación de la Directiva de Defensa Nacional 2020, y más claro, si cabe, en la Directiva de Política de Defensa 2020, en sus objetivos de la política de Defensa y en sus Directrices del ámbito de la Preparación de la Fuerza y las Operaciones Militares, exhortan a la participación en misiones multilaterales de la Organización de Naciones Unidas, participación en acciones de política de seguridad y defensa de la Unión Europea y de la OTAN. Lo utilizaremos, a pesar de sus posibles imprecisiones —por igual para los tres países de la comparativa—, los datos del *The Military Balance* 2023 (tabla 11, figuras 3, 4 y 5).

Tabla 11. Efectivos Militares

	España	Italia	Reino Unido
Despliegue OMP	2820	6432	12 035
Efectivos en activo (tropa)	124 150	161 050	150 350
Ratio tropas/población ×1000	2,632	2,636	2,217
Ratio OMP/tropas	2,271 %	3,994 %	8,004 %
Eficiencia OMP/tropas	100 %	+175,82 %	+352,38 %

OMP: operaciones de mantenimiento de la paz. Fuente: The Military Balance 2023.[50]

---

[50] Disponible en: https://www.iiss.org/publications/the-military-balance/the-military-balance-2023; consultado: 22/2/2024.

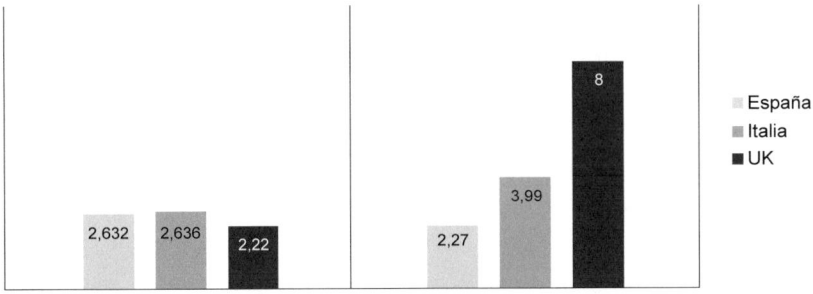

Figura 3. Ratio de población, tropas y despliegues de Italia, Reino Unido (UK) y España. Fuente: *The Military Balance 2023.*

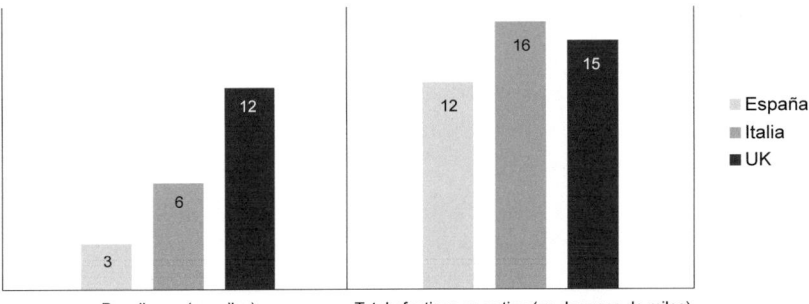

Figura 4. Ratio de efectivos y despliegues de Italia, Reino Unido (UK) y España. Fuente: *The Military Balance 2023.*

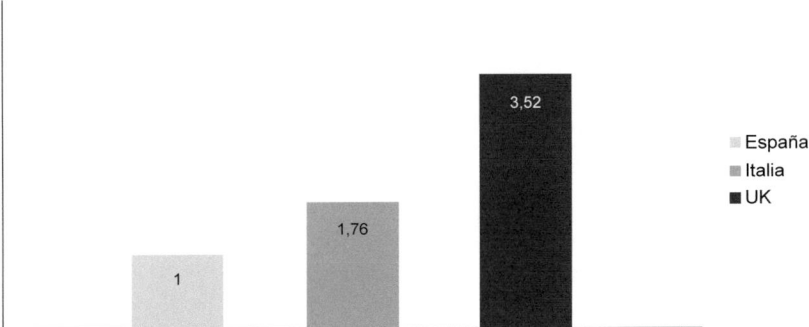

Figura 5. Ratios de eficiencia en los despliegues de Italia, Reino Unido (UK) y España. Fuente: *The Military Balance 2023.*

No hace falta profundizar en los análisis frente a los anteriores datos. Si el despliegue en misiones internacionales es uno de los principales referentes, si no el que más, en la preparación de nuestras FAS, la comparativa de la ratio de efectivos en activo con respecto a los desplegados nos deja en un lugar no muy favorable en la comparativa, en términos de eficiencia, respecto a Italia, siendo este un 75 % más eficiente en esa ratio —efectivos en activo/despliegue— que España, y Reino Unido es un 252 % más eficiente que España, y eso que no se pondera, no se incluyen los 13 324 efectivos en la reserva que siguen figurando en la nómina de Defensa; de lo que se infiere que tenemos unas FAS sobredimensionadas para los despliegues que llevamos a cabo en comparación con Italia y Reino Unido.

Abundando en todo ello, otra de las servidumbres en los análisis de los gastos de la Defensa, y que quizás aumentan su falta de visibilidad, son las especialidades en diferentes cuestiones en el ámbito que nos ocupa. En cuanto a la codificación del gasto público, podemos observar cómo la estructura económica del presupuesto del MINISDEF del año 2023 tiene una serie de diferencias con respecto a los códigos de la estructura económica presupuestaria dispuesta por el Ministerio de Hacienda en sus órdenes anuales para la elaboración de los PGE (también en la de 2023), además de los conceptos presupuestarios relativamente ya conocidos de las operaciones de mantenimiento de la paz (OMP), como es el 228 gastos originados por participación de las FAS en OMP existen otros, según se expone en la tabla 12, calculando las siguientes especialidades:

Tabla 12. Especialidades del Ministerio de Defensa con respecto a los códigos económicos de la Orden HFP/535/2022 para los Presupuestos Generales del EstadoE[51]

Capítulos, conceptos y subconceptos presupuestarios	Generales	Específicos del MINISDEF	% especialidad MINISDEF
Gastos de Personal, Capítulo 1	74	10	13,51 %
Gastos Corrientes en Bienes y Servicios, Capítulo 2	86	7	8,10 %
Inversiones Reales, Capítulo 6	19	8	42,10 %

MINISDEF: Ministerio de Defensa.

---

[51] Disponible en: https://www.boe.es/diario_boe/txt.php?id=BOE-A-2022-9632, consultado: 28/2/2024.

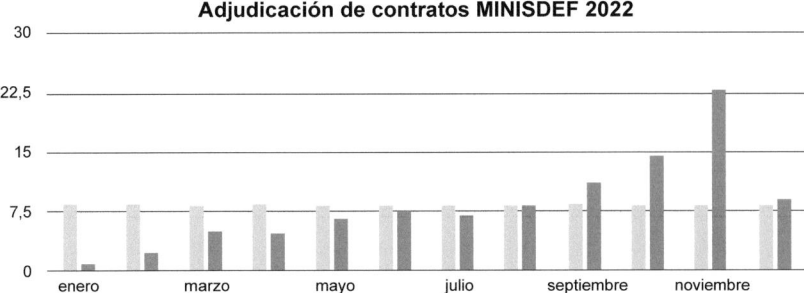

Figura 6. Adjudicación de contratos del Ministerio de Defensa (MINISDEF) del año 2022.[52]

Continuando con las especialidades o especificidades de la gestión económica del MINISDEF, podemos observar en la última publicación del Servicio de Estadística Militar, en la estadística de asuntos económicos (del ejercicio 2022), donde se recoge, respecto a la contratación, la cadencia en la realización de esos gastos, en concreto la adjudicación mensual de los contratos que corresponde con la fase del compromiso del gasto, es decir, el momento a partir del cual se puede ejecutar el gasto (figura 6).

En donde hemos dispuesto un simple criterio de proporcionalidad mensual (8,33 % de 100/12), más aplicable a la ejecución de los contratos en sí (momento en que se realiza el objeto del contrato y, por tanto, su cumplimiento o finalización en los de servicios) que a la adjudicación del contrato (momento en el que se inicia el mismo). Este inicio, de los contratos, debería realizarse en una gran proporción al comienzo del ejercicio, pues la actividad de departamento se recoge en numerosos documentos de planificación en base a un planeamiento, de ejercicios, adiestramientos y despliegues previstos cuanto menos en el año anterior a la ejecución de los mismos (o al menos debería ser así), con lo cual sus contratos también se deberían prever con mayor anticipación. En la representación se observa que solo en el último cuatrimestre del año se cumple el anterior objetivo proporcional, dando una gráfica inversa a la que se supone debería ser; y es más que relevante que en el penúltimo mes del año se

[52] Disponible en: https://publicaciones.defensa.gob.es/estadistica-de-asuntos-economicos-2022-pdf.html, consultado: 28/2/2024.

adjudiquen (es decir, empiecen) entre la quinta y la cuarta parte (un 22,8 %) de los contratos de todo el año, y que en el último tercio del año se adjudiquen/inicien un 57,4 % de los contratos, mientras que en el primer tercio solo sea de un 13 %.

Otra de las especialidades en el gasto de Defensa, consecuencia de una novedad introducida en la elaboración de los presupuestos para el año 2005, fue darles un significado a las letras que acompañan a los códigos numéricos de los programas, y que definen los programas entre finalistas (A-L) e instrumentales (M-Z). Los denominados finalistas son programas a los que se pueden asignar objetivos cuantificables e indicadores de ejecución mensurables, mientras que los programas instrumentales y de gestión tienen como finalidad la administración de recursos para la ejecución de actividades generales de ordenación, regulación y planificación, la realización de una actividad para la que no se pueden establecer objetivos cuantificables, o bien el apoyo a un programa finalista, según la publicación «Introducción a la lectura de los Presupuestos Generales del Estado».[53]

Por este motivo, y con respecto al presupuesto del año 2023, si consolidamos primero por una parte los programas finalistas y por otro los instrumentales en el MINISDEF, y después realizamos una comparativa con el MIR,[54] obtendremos los datos de las tablas 13 y 14, donde se muestran los programas presupuestarios instrumentales *versus* finalistas en el MINISDEF y el MIR.

Como se aprecia, es fácil extraer conclusiones, los programas finalistas —MIR 86,31 % *versus* MINISDEF 46,28 %— son aquellos en los que es factible realizar un análisis del cumplimiento de los objetivos del departamento en cuestión sobre la base de unos indicadores *ad extra* que tienen relación directa con las necesidades públicas, y pueden ser visualizados por la ciudadanía; por el contrario, los programas de carácter instrumental —MIR 13,69 % *versus* MINISDEF

---

[53] Dirección General de Presupuestos de la Secretaria de Estado de Presupuestos y Gastos del Ministerio de Hacienda y Función Pública. «Introducción a la lectura de los Presupuestos Generales del Estado». NIPO: 185-21-074-7. Disponible en: https://www.sepg.pap.hacienda.gob.es/sitios/sepg/es-ES/Presupuestos/PGE/ProyectoPGE2022/Documents/LIBROSALMON2022.pdf, consultado: 28/2/2024.

[54] El Ministerio del Interior es el que más semejanza tiene con el MINISDEF, por el gran número de integrantes que lo forman (además cuenta con un estatuto personal propio y diferente del personal civil), el despliegue territorial de los mismos y su carácter operativo.

Tabla 13. Programas del Ministerio de Defensa 2023[55]

Programa	Explicación	Total	Programa	Explicación	Total
121M	Administración y Servicios Generales de Defensa	2 536 909,04	122A	Modernización de las Fuerzas Armadas	459 203,70
121N	Formación del Personal de las FAS	494 328,15	122B	Programas especiales modernización	4 901 716,3
121O	Personal en reserva	579 999,37	312A	Asistencia hospitalaria en las FAS	178 236,75
122M	Gastos operativos de las Fuerzas Armadas	2 305 563,40	312E	Asistencia sanitaria mutualismo administrativo	758 956,87
122N	Apoyo logístico	1 028 109,11	42KD	C11.I04 Plan transición energética AGE	159 592,89
222M	Prestaciones económicas del mutualismo administrativo	78 544,21	464A	Investigación y estudios de las FAS	232 101,48
42KD	C11.I04 Plan de transición energética en la AGE	159 592,89	Total	6 689 807,99	
912Q	Asesoramiento para la protección de los intereses nacionales	334 108,04	**Programas finalistas**		**46,28 %**
931P	Control interno y contabilidad pública	62,13			
12SC	C19.I03 Competencias digitales para el empleo	11 000			
Total	7.528.216,34				
Programas instrumentales	**53,72 %**				

AGE: Administración General del Estado; FAS: Fuerzas Armadas.

---

[55]   Disponible en: https://www.defensa.gob.es/Galerias/presupuestos/presupuesto-MINISDEF-2023.pdf, consultado: 28/2/2024.

Tabla 14. Programas del Ministerio del Interior 2023[56]

• 13KB C11.I02 Proyectos tractores de digitalización de la AGE. Seguridad ciudadana e Instituciones Penitenciarias • 132A Seguridad ciudadana • 132B Seguridad vial • 132C Actuaciones policiales en materia de droga • 133A Centros e Instituciones Penitenciarias • 42KD C11.I04 Plan de transición energética en la AGE	• 13SC C19.I03 Competencias digitales para el empleo. Seguridad Ciudadana e Instituciones Penitenciarias • 131M Dirección y Servicios Generales de Seguridad y Protección Civil • 131N Formación de Fuerzas y Cuerpos de Seguridad del Estado • 131O Fuerzas y Cuerpos en reserva • 131P Derecho de asilo y apátridas • 134M Protección Civil • 924M Elecciones y partidos políticos • 000X Transferencias y libramientos internos
Programas finalistas: 86,31 %	**Programas instrumentales: 13,69 %**

AGE: Administración General del Estado.

53,72 %—, tienen escasa visualización y sirven para cumplir objetivos internos de las organizaciones públicas con indicadores *ad intra* o administrativos; puede ser esta una de las razones por las que la presupuestación de la política de Defensa es percibida lejos de la realidad social (falta de visualización) por una parte de los ciudadanos, y hace difícil transmitir al ciudadano la necesidad de gastar en la Defensa (aunque coyunturalmente con la guerra de Ucrania parece que no); incluso este gasto es puesto en duda por un amplio espectro de la sociedad y diferentes organizaciones, muchas de ellas con un sesgo antimilitarista, a diferencia de lo que ocurre en el MIR, cuyos presupuestos nunca se han puesto en duda, y la necesidad de gastar más, por ejemplo, incrementado las nóminas de los Policías y Guardias Civiles para equipararlos a las policías autonómicas.[56]

Conclusiones

Como hemos comprobado, existen múltiples modificaciones, especialidades, especificidades y fluctuaciones presupuestarias, y ello hace que las posibles decisiones de inversión privada, iniciativas de emprendedores, o de planificaciones en el sector de la Defensa —que

---

[56]   Disponible en: https://www.sepg.pap.hacienda.gob.es/Presup/PGE2023Proyecto/MaestroDocumentos/PGE-ROM/doc/1/3/15/2/3/N_23_A_R_31_116_1_1_3_1.PDF, consultado: 28/2/2024.

requieren proyectos con duración, no solo ya de años o legislaturas, sino incluso de décadas—, tengan ciertas reticencias o vacilaciones, dado el alto número de incertidumbres existentes; a pesar de las continuas y meritorias iniciativas o proyectivas oficiales[57] para acercar al mundo empresarial y de la presupuestación al mundo de la Seguridad.

Por tanto, a la hora de realizar una evaluación de políticas públicas a futuro, y frente a la complejidad (que puede devenir en un sistema frágil) expuesta con anterioridad, se debería buscar una simplificación y homogeneidad en las estructuras económico-administrativas y operativas frente a los cambios de los ciclos inversores, que han tardado cuatro décadas, por ejemplo, en recuperar casi el 2 % del PIB de gastos en Defensa. Por ello, debería buscarse el desarrollo de capacidades alternativas o complementarias de los actuales programas (de industria pesada) de armamento, a pagar en las próximas legislaturas, con los siguientes parámetros:

- Hay que pensar en los posibles escenarios alternativos de aquí a diez años, por lo que el componente tecnológico tiene que tener un peso prioritario (cuarta revolución industrial o Defensa 4.0).
- Sistemas cuyo desarrollo sea a corto y medio plazo, por las fatales y continuas disrupciones políticas y económicas. Por ello debería maximizarse su carácter de doble uso, tanto por su facilidad de obtención como por los beneficios que puede inducir en la economía; asimismo, se debe ambicionar los sistemas de bajo coste de mantenimiento,[58] y de sencilla instrucción y adiestramiento (se sobreentiende que también en su uso operativo); en consecuencia, la tecnología y el uso de drones y robots tienen más motivos para ser prioritarios.

Por todo ello, sería deseable aligerar (obteniendo las oportunas enseñanzas del MIR) y continuar en la modernización y actualización

---

[57] Como la Resolución 300/09365/23, de 25 de mayo, de la Secretaría de Estado de Defensa, por la que se aprueban las directrices generales de la Estrategia Industrial de Defensa 2023, BOD 110/2023, o el documento «Tecnologías de alto impacto para la defensa en el entorno operativo 2035» de la División de Desarrollo de la Fuerza (DIVDEF) del Estado Mayor Conjunto (EMACON) del MINISDEF.

[58] Ya vimos cómo en la comparativa con otros países de la OTAN, éramos el que menos invertía en esta partida.

(asimilándola lo máximo posible al resto de la Administración) de las estructuras de Defensa para ganar músculo. Para lograr esa modernización disminuyendo los recursos humanos, mejorando el adiestramiento de las unidades, incrementando la potencia y eficacia de los sistemas de armas, y todo ello con un abaratamiento de costes económicos y políticos,[59] se podría impulsar un proyecto de Smart Defence 4.0, incidiendo claramente sobre cada una de las tres ramas que constituyen el arte de la guerra[60] —la estrategia, la táctica y la logística—, otorgando al servicio público de la Defensa de excelencia y eficiencia, y que a su vez se trasladase orgánicamente a la estructura de los ejércitos, como Cuartel General (estrategia), Fuerza (táctica) y Apoyo a la Fuerza (logística).

Porque hay que recordar que el mundo moderno ha sufrido varias revoluciones industriales, y en la actualidad vivimos inmersos en el inicio de la cuarta revolución industrial/social, en la que se está produciendo la hibridación del mundo real y físico con el virtual, que representa, entre otros factores, el ciberespacio (todos estamos en internet); por tanto, se debería lograr esa revolución en asuntos militares 4.0, tomando de ejemplo las últimas guerras de alta intensidad, como la de Ucrania, con el empleo masivo de sistemas de armas (casi) autónomos o dirigidos a distancia, como son los drones.

Esta Defensa 4.0, como cambio de paradigma, supondría y contribuiría notablemente al objetivo de aligerar y modernizar la estructura, para así ganar músculo, como hemos apuntado, dejar de lado la posible obsolescencia y envejecimiento de las FAS,[61] y dedicarse a su vocación y núcleo duro del negocio —*hard core business*—, que es proveer de seguridad a los españoles con los limitados recursos económicos de que se dispone.

---

[59] No es lo mismo desplegar en OMP un escuadrón de aviones de caza o de reconocimiento, con toda su logística, recursos humanos y rendición de cuentas parlamentaria, que un grupo de drones servidos incluso por contratistas.

[60] Concepto antecesor y cercano a lo que hoy podríamos llamar Política de Defensa.

[61] Como recogían los artículos de *El País* y de *El Confidencial* anteriormente citados.

10. Política de personal

Fausto Escrigas Rodríguez
Almirante

E N ESTE CAPÍTULO EXPONDRÉ los cambios que —desde mi punto de vista y a la vista de mi experiencia en la Jefatura de Personal de la Armada y en la Dirección General de Personal Militar— efectuaría en la política de personal del Ministerio de Defensa para adaptarla a las necesidades actuales de las Fuerzas Armadas.

Para ello, hablaremos sobre la normativa en la que se fundamenta dicha política: las Leyes de la Carrera Militar[1], de Marinería y Tropa[2], de Derechos y Deberes de los miembros de las Fuerzas Armadas[3], y las Reales Ordenanzas[4].

LEY DE CARRERA MILITAR

En mi opinión, el principal error de la Ley de Carrera Militar ha sido la desaparición de la Escala de Oficiales que nos permitía tener,

---

[1]   Ley 39/2007, de 19 de noviembre, de la carrera militar.

[2]   Ley 8/2006, de 24 de abril, de Tropa y Marinería.

[3]   Ley Orgánica 9/2011, de 27 de julio, de derechos y deberes de los miembros de las Fuerzas Armadas.

[4]   Real Decreto 96/2009, de 6 de febrero, por el que se aprueban las Reales Ordenanzas para las Fuerzas Armadas.

en poco tiempo, todos los tenientes y capitanes que necesitábamos. Dependiendo del cuerpo y titulación, solo necesitaban realizar entre uno y tres años en las escuelas y academias para obtener el grado de teniente/alférez de navío. Tenían limitado el ascenso a teniente coronel y capitán de fragata, y su permanencia en los tres primeros empleos era superior a la antigua Escala Superior de Oficiales o la actual Escala de Oficiales.

La desaparición de estos oficiales se pretendía compensar con la potenciación de la Escala de Complemento. Sin embargo, la modificación del tiempo de permanencia y las condiciones exigidas a esta Escala con respecto a leyes anteriores ha demostrado que la captación ha sido un fracaso. Esto nos ha obligado a aumentar las plazas de acceso a las escuelas y academias de oficiales para cubrir nuestras necesidades de tenientes y alféreces de navío, y a asignar las funciones de los oficiales de la extinta Escala de Oficiales a estos oficiales excesivamente cualificados para tareas más básicas o de naturaleza técnica. Por hacer un símil, es como si en la Administración suprimimos el grupo B y todas sus funciones las cubrimos con personal del grupo A.

También nos produjo bastantes problemas una disposición transitoria de la Ley de la Carrera Militar. Las disposiciones transitorias son siempre muy peligrosas, sobre todo cuando introducen medidas que pueden tener algún efecto positivo en el corto plazo, pero tienen efectos colaterales en el medio y largo plazo, como es el caso.

En esencia, esa disposición transitoria establecía que todos los oficiales y suboficiales que tuvieran fijado su pase a la reserva a los 61 años, y cumplieran determinadas condiciones, podían hacerlo de forma voluntaria a los 58. Esto dio lugar a que tuviéramos unos pases a la reserva que se escapaban de nuestro control, lo que dificultaba mucho el planeamiento de los recursos humanos; se ha dado el caso de que, en algunos años, ha pasado a la reserva el doble de personal del que le correspondía hacerlo por edad. Las escuelas no tenían capacidad de aumentar el número de alumnos para compensar de forma inminente estas bajas y, por tanto, se redujeron drásticamente los efectivos de alguna escala. Por ejemplo, la Armada debería tener 5000 suboficiales, y llegamos a estar por debajo de los 4500.

Por último, los planes de estudios de las escuelas y academias para acceder por promoción interna a la Escala de Oficiales son más exigentes que antes. Ahora es necesario cursar cinco años en las escuelas, o tener un grado y cursar dos años. Ambas opciones son poco atractivas para los suboficiales, por lo que se ha reducido de forma apreciable su promoción interna. Por ello, el Ministerio de Defensa está haciendo muchos esfuerzos para mejorar esta situación.

Ley de Tropa y Marinería

La Ley de Tropa y Marinería fue una legislación muy necesaria porque no éramos capaces de reclutar todo el personal que necesitamos de esta escala. Sin embargo, el modelo era demasiado rígido, buscando una homogenización de carrera para los Ejércitos y la Armada. Esto, que *a priori* parece razonable, no satisfacía las necesidades de todos. Mientras que el Ejército de Tierra prefiere soldados jóvenes, la Armada se inclina por marineros con experiencia y que asciendan en pocos años después de superar los cursos de ascenso al siguiente empleo. En la Armada, los marineros son especialistas, y la formación y la experiencia son críticos para que su rendimiento sea el adecuado.

La Armada tuvo en su momento una Ley de Especialistas[5] que satisfacía todas sus necesidades. Con la entrada en vigor de la nueva ley, tuvo que cambiar el modelo y le causó un gran perjuicio al no llegar a cubrir nunca sus necesidades. Por ejemplo, con la antigua ley solo hacían falta seis años para alcanzar el empleo de cabo primero y el ingreso a la Escala de Suboficiales estaba reservado en exclusiva para ellos. Con la nueva ley, para alcanzar el empleo de cabo primero hacían falta más de diez años y, sin embargo, el acceso a la Escala de Suboficiales se podía hacer después del primer año de marinero. El resultado fue que se perdió la motivación para ser cabo primero y casi nadie quería ascender, lo que provocó una descapitalización de los mejores especialistas. Para ser justo, hay que reconocer que, durante los últimos años, la Dirección de Personal del Ministerio de Defensa ha efectuado un gran esfuerzo para modificar la normativa e ir adaptándola a las necesidades de la Armada, por lo que la situación ha mejorado ostensiblemente.

Lo más importante es la lección aprendida: las normas deben ser un marco que satisfaga a todos los Ejércitos y la Armada, por lo que

---

[5]   Ley 19/1973, de 21 de julio, Especialistas de la Armada, derogada parcialmente por varias disposiciones de 1990 y 1991 y totalmente mediante el Real Decreto 984/1992.

hay que huir de sistemas rígidos buscando una homogenización que solo crea problemas. Los Ejércitos y la Armada son muy parecidos, pero tienen sus idiosincrasias y sus distintas necesidades, que deben estar recogidas en toda la normativa. Ningún Ejército es más importante que otro, y no se debe intentar implementar solo el modelo de uno.

Ley de Derechos y Deberes

En tercer lugar, respecto a la Ley de Derechos y Deberes, el principal problema ha sido la falta de medidas complementarias para minimizar el efecto de la conciliación de la vida familiar en la operatividad de las unidades de la Fuerza. Se ha abordado de la misma forma que si fuera una unidad administrativa.

Nadie se opone a la conciliación porque es un derecho, pero es evidente que las unidades de la Fuerza normalmente operan alejadas de su base. Ello supone que, si algún miembro se acoge a su derecho a la conciliación, no se desplazará con su unidad y tiene que ser obligatoriamente sustituido. En muchas ocasiones, esto no es posible por la falta de efectivos disponibles con la especialidad y las habilidades concretas del personal ausente. En consecuencia, resulta necesario, al menos, aumentar las plantillas y dotar económicamente más puestos de trabajo para disponer de personal que pueda ocupar el puesto del personal que concilia.

En resumen, la conciliación de la vida familiar es un derecho, pero se deben tomar las medidas necesarias para que el ejercicio de ese derecho no menoscabe la operatividad de las unidades de la Fuerza.

Número de efectivos

En relación con el número de efectivos, la Ley de la Carrera Militar marca una horquilla de 130 000 a 140 000 efectivos, pero actualmente disponemos solo de unos 120 000. Desde que se decidió este número de efectivos hace aproximadamente diez años, han nacido nuevos organismos, como el Mando Conjunto del Ciberespacio, el Centro de Sistemas y Tecnologías de la Información y las Comunicaciones (CESTIC), etc., y se ha duplicado el número de personas que tenemos que aportar a organismos del Órgano Central, Dirección General de Armamento y Material (DGAM) y Estado Mayor de la Defensa

(EMAD). Es decir, que van apareciendo nuevas necesidades, pero el número de efectivos sigue siendo el mismo.

Por otro lado, la pérdida de personal civil por jubilación es constante y no son reemplazados. El personal civil es básico para nosotros, no solo complementa al personal militar en áreas muy especializadas, sino que es responsable en gran medida de las cuestiones administrativas, participa activamente en el área logística, en la enseñanza, etc., y, además, aporta más permanencia en los puestos de trabajo que el personal militar.

El Ministerio de Administraciones Públicas sostiene que si el trabajo del personal civil lo puede realizar un militar, por qué vamos a poner a un civil, «que pongamos a un militar». Creo que hay áreas en las que no los podemos sustituir por su especialización, su experiencia y estabilidad. En cualquier caso, sería necesario incrementar el número de efectivos de personal militar para ocupar estos puestos.

Para mejorar esta situación, deberíamos revisar y ofrecer más proyección de carrera al personal civil del Ministerio de Defensa. No es realista pensar que alguien con una titulación va a ir a un puesto de trabajo de nivel 28 teniendo escasas posibilidades de acceder a otro nivel superior dentro del Ministerio de Defensa.

RESERVISTAS VOLUNTARIOS

En relación con los reservistas voluntarios, creo que ha sido una decisión muy acertada el cambio de política que se hizo. Se pasó de reclutar y activar personal para Cuerpo General o Infantería de Marina, donde tenemos efectivos suficientes, a hacerlo en todas aquellas áreas deficitarias. Opino que ha sido muy beneficioso, han venido médicos, enfermeros, abogados, ingenieros, periodistas, etc., que no solo aportan su experiencia, sino también mucho valor añadido en sus áreas de especialización. Por tanto, aplaudo la política que se está siguiendo en relación con los reservistas voluntarios, aunque habría que aumentar el número de sus activaciones anuales.

CAPTACIÓN, RETENCIÓN Y MOTIVACIÓN

Respecto a la captación, siempre se dice que la demografía va a ser menor y que nos va a influir. En mi opinión, nos puede afectar en la parte de marinería y tropa, pero no en oficiales y suboficiales, donde hay voluntarios suficientes, con un matiz en el caso de los suboficiales: si el número de candidatos en marinería y tropa disminuye, nos puede afectar en la calidad del personal de promoción interna, porque el 80 % de los suboficiales debe provenir de marinería y tropa.

Me gustaría hablar también del mercado de trabajo militar y civil, porque son totalmente opuestos. Nosotros reclutamos muy bien cuando hay crisis, y comenzamos a ir muy mal cuando hay bonanza económica. Esto quiere decir que ahora que hay crisis no tenemos ningún problema. La solución es obvia: cuando veamos que se acerca una bonanza económica, los años anteriores deberíamos reclutar más para, como decimos los marinos, «ir ganando barlovento» para hacer frente a etapas de mayor dificultad de reclutamiento.

En relación con la retención, lo que deseamos es que todos los oficiales, suboficiales y las personas que se hacen permanentes se queden con nosotros toda la vida. Para conseguirlo, la mejor arma de la que disponemos es mantener motivado al personal durante toda su carrera. No es tarea fácil, porque las situaciones cambian constantemente y puedo decir que, al menos en la Jefatura de Personal de la Armada, se dedica un gran esfuerzo a ir mejorando este aspecto.

La mejor motivación es la satisfacción en tu trabajo. Para ello, debes ser capaz de desarrollar tu trabajo con eficiencia, porque has recibido la formación adecuada y tienes la experiencia necesaria para asumir las responsabilidades de tu puesto de trabajo. Sin embargo, esto no es suficiente; además, debes sentirte valorado y tener la posibilidad de avanzar en tu especialidad o área de actuación durante toda tu carrera con una formación continuada y un aumento de tus responsabilidades acorde con tu experiencia.

Para entenderlo, vamos a poner un ejemplo. Tradicionalmente, para llegar a los puestos más altos en la Armada era necesario mandar un barco o determinadas unidades en todos los empleos a partir de capitán de corbeta. En este empleo hay 26 mandos y las promociones suelen oscilar entre 45-65 oficiales. Esto quiere decir que a partir de este empleo, la mitad de los miembros de una promoción se encuentran desmotivados porque tienen menos oportunidades de ascender, de modo que se produce una desmoralización en personal con apenas 39 años.

Es una situación que no podemos permitir porque el personal es escaso y es el mayor activo que tenemos. Para solucionar este problema, creamos las segundas especialidades en el empleo de capitán de corbeta para todos los oficiales que no realizaran el Curso de Estado Mayor, que normalmente coinciden con los que no mandan en el empleo de capitán de corbeta.

Estas especialidades se desarrollan realizando másteres con distintas universidades: dos con la Universidad Complutense en el ámbito de recursos humanos y de logística, otro con la Universidad de Vigo en el ámbito de las tecnologías de información, así como otros másteres que ya se realizaban con otras universidades y otros cursos del ámbito militar. Con esta medida, todos nuestros oficiales en el empleo de capitán de corbeta realizan un curso y un máster que marcará su área de especialización durante el resto de su carrera, y que les permitirá llegar a los puestos de mayor responsabilidad en esas áreas. Evidentemente, aumentara su motivación y la ilusión de todos aquellos oficiales que no pudieron mandar en todos sus empleos.

En las Fuerzas Armadas, la formación es uno de nuestros pilares. Esta formación no solo es técnica, sino integral, también en valores. En la parte técnica, lo que realmente interesa es que el personal tenga capacidad de aprender y la base teórica para poder hacerlo, teniendo en cuenta que lo que estudias hoy, en diez años puede estar obsoleto.

Los valores y virtudes militares son fundamentales, y las fomentamos en todas nuestras escuelas porque la mayoría del personal estará con nosotros 40 años. Se encuentran recogidas en las reales ordenanzas y han permanecido con nosotros casi inmóviles durante 400 o 500 años. Los tiempos y las circunstancias han evolucionado, pero los valores y virtudes militares permanecen en el tiempo y siguen siendo válidos. Yo no digo que todas las organizaciones necesiten estas virtudes, cada una tiene sus valores y cultura corporativa que le ayudan a desarrollar su actividad. Lo que sí opino es que son las que las Fuerzas Armadas necesita.

LAS REALES ORDENANZAS

Las reales ordenanzas marcan nuestro código ético y cómo debe ser el comportamiento en la vida diaria de un militar; por ello, siempre debemos tener en nuestra cabeza valores y actitudes como: integridad, ejemplaridad, honradez, lealtad, valor, humildad, generosidad, compañerismo, compromiso, iniciativa, trabajo en equipo, empatía, etc.

Resumen

Ya para concluir, y como resumen, podemos decir que nuestro mayor problema es el número de efectivos, que es necesario ir aumentando. Cambian las circunstancias —creación de nuevos organismos y unidades, disminución de personal civil, modificación de Escalas, nueva normativa como la conciliación de la vida militar, etc.—, pero los efectivos siguen siendo los mismos. Además, debemos tomar medidas para corregir las políticas de personal que no han sido tan exitosas, como la captación de la Escala de Complemento o la asunción de las funciones de las antiguas Escalas de Oficiales.

Por otro lado, tenemos que evitar planificaciones de efectivos aparentemente beneficiosas a corto plazo, ya que a medio y largo plazo nos provocan grandes problemas. En toda planificación se debe poder controlar el flujo de personal que pasa a la reserva o al retiro.

En relación con la normativa, debemos evitar sistemas rígidos buscando una homogenización entre los Ejércitos y la Armada. Hay que aspirar a marcos con suficiente flexibilidad que satisfagan a todos, ya que somos muy parecidos, pero cada uno tiene su idiosincrasia y necesidades propias.

A corto plazo no tendremos problemas de captación y debemos trabajar para mantener la motivación de todo nuestro personal durante toda su carrera. En el mercado de trabajo es fácil encontrar un abogado, un ingeniero o un economista, pero imposible encontrar un teniente coronel o un capitán de fragata con una experiencia y una formación acumulada de más de 20 años.

Por último, la formación ha de ser integral, y las virtudes y valores militares deben seguir siendo el código ético de todos los miembros de las Fuerzas Armadas.

11. Formación y enseñanza de las fuertas armadas

CARLOS FRÍAS SÁNCHEZ
Teniente general del Ejército de Tierra (R)

UN HECHO QUE FRECUENTEMENTE pasa desapercibido para los observadores externos a las Fuerzas Armadas es que los tres ejércitos (el Ejército de Tierra, la Armada y el Ejército del Aire) son distintos: su forma de operar es diferente y, consecuentemente, las necesidades de formación de su personal también lo son. Por hacer un símil deportivo, es como si todos los miembros de las Fuerzas Armadas fuéramos deportistas, pero unos juegan al fútbol, otros al baloncesto y otros al balonmano. Imaginemos que ahora queremos hacer un deporte «conjunto», empleando a todos los deportistas, «¡todo conjunto en el deporte!», pero ¿a qué deporte vamos a jugar? Dependiendo de eso, el equipo será uno u otro... Sin embargo, desde el momento de su creación, en el Ministerio de Defensa hay una política deliberada de aplicar medidas comunes a los tres ejércitos, con la loable intención de mejorar la eficiencia a través de la acción conjunta (una forma de pedir «café para todos»). Sin embargo, la necesidad de operar de forma conjunta y alcanzar un efecto sinérgico se confunde con frecuencia con la idea de que los tres ejércitos deben ser «iguales», en estructura, en preparación, en organización, etc. Esta idea es excesivamente simplista y, en mi opinión, parte de un desconocimiento de la forma específica de operar de cada uno de ellos.

Existen razones objetivas que justifican que cada ejército mantenga características diferenciadas. Los ejércitos son herramientas diseñadas para cumplir una función determinada. Y esa función es ganar las guerras de España. Pero cada ejército tiene una idea diferente de cómo hacerlo. Por ejemplo, en el Ejército de Tierra, normalmente creemos que la guerra se gana ocupando el territorio enemigo y ejerciendo el control directo sobre la población. La Armada entiende que la victoria se alcanza dominando las líneas de comunicación marítimas y, por tanto, el comercio, forzando el colapso de la economía del adversario. El Ejército del Aire cree que las guerras se ganan destruyendo el sistema de mando y control del enemigo (llevándolo a la parálisis de su sistema político y militar), y un cierto número de infraestructuras e industrias críticas. Es decir, los Ejércitos y la Armada operamos buscando diferentes fines y, por ello, empleamos distintas formas de acción, que, a su vez, implica el empleo de medios distintos. Por ello, los intentos de uniformar a los Ejércitos y a la Armada en una estructura común están abocados al fracaso, so pena de perjudicar la capacidad de cada uno de ellos de alcanzar sus fines en combate. Históricamente, hay guerras que se ganan de una manera, y hay guerras que se ganan de otra. Hay momentos en los que el componente clave es la Armada o es el Ejército de Tierra o el del Aire (y los demás deben operar en apoyo de este), pero no hay una solución única. Volviendo al símil del deporte, no podemos jugar todos al mismo deporte porque jugamos a deportes diferentes. Coordinados, pero diferentes. En la enseñanza, obliga a respetar la especificidad de cada componente de las Fuerzas Armadas y, dentro de ella, la de sus necesidades de formación.

La ejecución de la guerra no es simplemente una actividad «técnica», que requiere un conocimiento especializado, ajeno al devenir de la sociedad en su conjunto. En realidad, recordando a Clausewitz, es necesario recordar que la guerra es la continuación de la política por otros medios. ¿Qué implicaciones tiene este hecho? Que, en efecto, la guerra está directamente condicionada por la política, y eso implica necesariamente que el militar no puede saber solo de ejecutar operaciones militares desde el punto de vista técnico, sino que debe tener un abanico mucho más amplio de conocimientos. La finalidad de la guerra es conseguir una paz mejor que la existente previamente, y de las decisiones posibles durante el curso de un conflicto, algunas pueden llevar a que la paz que venga después sea peor, aunque se alcance la victoria en combate. Por ejemplo, si durante el conflicto provocamos un nivel de destrucción excesivo para los fines buscados, o se afectan elementos culturalmente simbólicos, podemos generar un sentimiento de resentimiento que constituya la semilla de un conflicto aún más virulento en el futuro. En el campo de la enseñanza y de la formación, es necesario que el soldado no sea solo un «técnico», sino que es fundamental conseguir que el militar sepa que sus acciones están siempre condicionadas a un fin político, con lo cual el nivel de violencia, el tipo de operaciones o la actitud hacia la población tienen que estar alineados políticamente. Esa es la teoría, pero... ¿qué ocurre en la práctica? Que la guerra adquiere vida propia. Cuando un conflicto se alarga y se recrudece, llega un momento en que, en lugar de que sea la política la que guía la guerra, es la guerra la que guía la política. Es el caso de Ucrania: lo que puede hacer el nivel político depende al final de la situación en el campo de batalla.

Arte o ciencia

La guerra es una actividad tan antigua como la Humanidad y, desgraciadamente, siempre está presente. De hecho, con el breve paréntesis de los últimos casi 80 años, nuestras sociedades occidentales han convivido permanentemente con la guerra. No es sorprendente que la naturaleza de la guerra haya sido objeto destacado de estudio, suscitando ideas contrapuestas. Una de ellas es la condición de la guerra como «arte» o como «ciencia».

Al diseñar el sistema de enseñanza militar, este debate es relevante: si es un arte, ¿es posible aprenderlo?, o bien, ¿habría que esperar a la llegada de un «genio», una persona naturalmente dotada para ejercerlo? En este caso, el sistema de enseñanza militar estaría enfocado a detectar a estas personas dotadas de un talento natural para la guerra, mientras se forma a los demás como meros auxiliares de ellos... Y, al contrario, si es una ciencia, bastaría con descubrir las leyes físicas que la regirían, para encontrar la «solución exacta» que aplicar en cada caso, y formar al personal para que conociera estas leyes y supiera cuándo y cómo aplicarlas.

En la práctica, no hay una respuesta única. En la historia del pensamiento militar ha habido épocas en las que la idea dominante era que la guerra era una actividad puramente humana (un arte) que no admitía reglamentación ni sujeción a reglas, mientras que en otras épocas la tendencia era la de asimilarla a cualquier ciencia física: la guerra era solo una ciencia de la que todavía no sabíamos lo suficiente.

En un nivel de análisis más detallado, también se plantea la posibilidad de que la guerra sea un arte en sus niveles inferiores (el combate individual o de pequeñas unidades) y una ciencia en los superiores (el enfrentamiento entre Estados o coaliciones), o viceversa. En este sentido, hay estudiosos que opinan que, en los niveles inferiores, la guerra es un duelo, un combate de boxeo, y donde la acometividad, el ingenio y la inventiva individual son los elementos clave de la victoria (un arte, una actividad irremediablemente «humana»). En cambio, a niveles altos sería una actividad científica, en la que la adecuada combinación de los elementos de poder del Estado (población, recursos, economía, industria, etc.) serían los que llevarían a la victoria. Esta forma de pensar se extiende durante la Ilustración, que pretende buscar un fondo científico a todas las actividades, y la retoma el marxismo: la economía estaría en el origen y explicaría el desenlace de los conflictos entre Estados. Esta idea está muy extendida, especialmente entre el personal que no es especialista en la materia. En realidad, la realidad histórica la desmiente con muchísima frecuencia: hay mil ejemplos en los que el más rico no es el vencedor (las repetidas invasiones del rico Imperio chino por los económicamente mucho más pobres mongoles serían algunos de ellos): una cosa es ser «rico» y otra cosa muy diferente es ser «poderoso». Esta equivalencia solo aparece a partir de la revolución industrial, cuando es posible «movilizar» la industria de paz para convertir su producción hacia la de armas y equipos militares (con el actual proceso de deslocalización, cabe preguntarse si Occidente es «poderoso», cuando las fábricas las ha llevado a China). Desde el punto de vista de la enseñanza militar, esto obligaría a dar una formación científica y rigurosa, centrada en la optimización de los

Carlos Frías Sánchez

recursos económicos y materiales de la sociedad, al personal que va a dirigir las operaciones a niveles altos, no siendo tan importante la formación a niveles bajos, cuya eficacia dependería más de valores morales o de la propia naturaleza de los individuos.

La idea opuesta es la de que la guerra es una ciencia a niveles bajos, pero un arte a niveles elevados. En esta idea, los combates a niveles bajos serían susceptibles de organizarse sobre la base de procedimientos que podrían normalizarse y practicarse de forma repetitiva (en el ejemplo del duelo individual, sería aprender cualquier arte marcial, a base de practicarlo, para emplearlo en combate). En los niveles altos, la imaginación, la creatividad y la competencia profesional serían los elementos que permitirían obtener la victoria. En consecuencia, la formación a niveles bajos se basaría en el desarrollo y la práctica continua de procedimientos elementales de combate, mientras que la formación a niveles altos requeriría pensamiento crítico, un amplio abanico de competencias no estrictamente militares y medidas de fomento de la creatividad.

Entre estos dos extremos, hay una gran zona de incertidumbre, en la que se combinan elementos de ambos. La dirección de la guerra de Vietnam por McNamara es un intento de considerar la guerra a niveles altos como un problema puramente científico, mientras que el desarrollo de procedimientos normalizados para los combatientes (*battle drills*) por parte de los británicos en el período de entreguerras es un ejemplo de la consideración de la guerra como una actividad susceptible de tratamiento científico en sus niveles bajos.

Actualmente, en esta dualidad entre arte o ciencia, estamos más o menos en la idea, con muchos matices, de que, a nivel bajo, la guerra es más científica, y es posible sistematizar más procedimientos estándar normalizados, que pueden servir para que los combatientes aprendan qué es lo que tienen que hacer en la mayoría de las situaciones (esa es la base de la «instrucción» de reclutas). Sin embargo, a niveles más altos, la complejidad de nuestro mundo actual hace casi imposible establecer las «leyes» que posibilitarían una ciencia.

Esta dualidad lleva a una educación distinta. No se puede enseñar un arte, pero sí es posible establecer algunas reglas que rijan la forma de utilizar las unidades militares. Por ello, se puede conseguir que, con una formación suficiente, no tengamos un «artista», pero sí un «artesano».

Ejércitos institucionales y ejércitos ocupacionales

Otra cuestión relevante es la del carácter sociológico de los ejércitos. En este sentido, existen dos tendencias: los ejércitos «institucionales» (descritos por Samuel P. Huntington en *El Soldado y el Estado*, ya en 1954), frente a los ejércitos «ocupacionales» (tratados por Morris Janowitz en *El Soldado Profesional*, en la década de los 80). Los ejércitos institucionales son aquellos en los que el ejército se ocupaba de su personal «de la cuna a la tumba»: existían colegios militares, medios de comunicación internos, viviendas militares, leyes específicamente militares, etc. En las sociedades que organizan este tipo de ejércitos, el mundo militar es una «burbuja», una «cámara de eco» donde solo se relacionaba internamente. Esta parte de la sociedad tenía sus propios valores, que muchas veces estaban desconectados de los del resto de la sociedad. El ejemplo contrario es el «ocupacional», en el que el soldado es un «funcionario» más; hace un trabajo por el que recibe una retribución. Y es militar durante el tiempo en el que está en su puesto de trabajo, siendo un ciudadano ordinario cuando no lo está. Las penalidades específicas de su trabajo se compensan por la vía de las retribuciones.

Cada uno de estos modelos tiene sus ventajas y sus inconvenientes, que implican particularidades para la enseñanza militar, en su organización (en general, hay preferencia por los internados desde edades tempranas en los ejércitos institucionales, mientras que se recluta entre personal formado en el sistema civil en los ocupacionales). La formación en valores es mucho más intensa en los institucionales que en los ocupacionales, que se centran más en aspectos puramente técnicos.

En general, los ejércitos institucionales son mucho más «resilientes» que los ejércitos ocupacionales, precisamente por su mayor énfasis en la formación en valores. Efectivamente, si, desde edades muy tempranas, se inculca a un soldado el «todo por la Patria», que preside la puerta de nuestros cuarteles, y que lo fundamental es que el ejército sea para defender a su patria a cualquier precio, lógicamente, el soldado se mostrará dispuesto a asumir muchos sacrificios. En cambio, si la milicia es una ocupación cuyo objetivo es cobrar una nómina a final de mes, no hay salario que compense la muerte en combate. Así, un ejército ocupacional no puede tener muchas bajas, porque se deshace: el soldado

Carlos Frías Sánchez

decide cambiar de oficio. Por ello, los ejércitos ocupacionales solo pueden actuar en operaciones de bajo riesgo.

Resulta pertinente preguntarse sobre qué modelo de Fuerzas Armadas necesita un Estado. Esta decisión es compleja y depende de muchos factores, que abarcan desde la finalidad que se pretende para los ejércitos hasta el modelo político del Estado.

Una de las críticas frecuentes del modelo de ejércitos institucionales es el riesgo de «pretorianismo», de intervención militar en política. En efecto, si se educa al soldado para sacrificarlo «todo» por la patria, todo es todo. Y las amenazas al concepto de «patria» pueden venir de enemigos externos e internos. En consecuencia, el soldado de un ejército institucional puede considerar que debe arriesgarlo todo (empleo, libertad, familia, estabilidad, etc.) para defender a su patria de esos enemigos, incluso si son «internos». Puesto que sus valores no son necesariamente coincidentes con los de su sociedad, es posible que su identificación de quienes son «enemigos internos» tampoco sea la de su sociedad en su conjunto.

En cambio, en el ejército ocupacional, el soldado está más en contacto con la sociedad en su conjunto, es decir, sus valores y su forma de pensar estarán alineados con los de la mayoría de la sociedad.

El ejército institucional por antonomasia es el modelo «prusiano-alemán», es el ejército de Von Moltke. Sin embargo, el modelo más cercano al ocupacional es el británico.

El método de enseñanza en el sistema «prusiano-alemán» es la inmersión: reclutamiento a edades tempranas, régimen de internado y enseñanza predominante en valores y contenidos puramente militares. El modelo británico es diferente, con reclutamiento más tardío, permanencia limitada en las instituciones educativas militares y contacto intenso con su sociedad de procedencia.

El modelo de ejército de cada sociedad condiciona su sistema de enseñanza militar, pero también los usos posibles de su herramienta militar.

¿Dónde estamos en España? En un paso de uno a otro de estos modelos. El institucional es modelo del ejército de la posguerra, mientras que las reformas posteriores van hacia el modelo ocupacional. El principal problema de esta evolución es que el modelo ocupacional es muy caro: queremos un ejército ocupacional, pero no lo podemos (o queremos) pagar, con lo cual tenemos que recurrir a invocar características institucionales, que los soldados hagan las cosas por motivación, por valores, porque la nómina no termina de ser suficiente. Esta falta de coherencia acaba en un modelo híbrido, que intenta combinar características de ambos modelos, pero sin llegar a ser ninguno.

En enseñanza, nosotros también estamos en medio: tenemos un modelo de carrera única, al estilo prusiano, y en internado. Pero es una carrera esencialmente civil (Ingeniería en Organización Industrial), los contenidos militares no son la mayoría de los estudios, se cursan en un internado en el que ya no es obligatorio permanecer, pero con una elevada duración (cuatro años), etc.

ESPECIALIZACIÓN Y POLIVALENCIA

Precisamente, según el uso que se prevea para el instrumento militar, la formación de su personal es diferente.

Hay ejércitos dedicados sola y exclusivamente a actividades de combate, por lo que su formación está dirigida específicamente a estas acciones y enfocada a estos fines. Su personal se considera ajeno a preocupaciones de tipo político, económico (incluyendo la movilización económica para la guerra), de relaciones exteriores, etc. Hay ejércitos cuya función es de control interno de la población, y su adiestramiento está enfocado a labores policiales, en detrimento de su capacidad de enfrentarse a fuerzas armadas enemigas. Hay ejércitos que asumen un papel de herramienta de política exterior, con lo cual su personal debe ser capaz de asesorar a nivel político sobre qué efecto o qué pueden conseguir las unidades militares para solucionar una determinada situación que afecta a los intereses políticos. Estas necesidades condicionan la enseñanza que se ha de proporcionar al personal.

En el campo de las operaciones, hay ejércitos especializados en operaciones de estabilización («operaciones de paz»), mientras que otros lo están en combate de «alta intensidad». Dentro de estos últimos, los hay que operan con «doctrinas de fuegos» o «de desgaste», y los hay que lo hacen con «doctrinas de maniobra». Cada una de estas orientaciones implica unas exigencias distintas al personal militar y, por ello, una enseñanza diferente.

La enseñanza militar

Toda enseñanza es transmisión de conocimientos y también de valores. Los dos aspectos no son igual de importantes: los valores son permanentes, mientras que los conocimientos son transitorios (lo que se enseña hoy, dentro de diez años es obsoleto). Por ello, la enseñanza en valores es fundamental en todos los campos, y, en el caso de la enseñanza militar, lo es aún más por razones adicionales.

En primer lugar, porque, pese a que actualmente haya una cierta tendencia a asumir que el liderazgo es un campo tan necesario en el mundo empresarial como en los ejércitos, sus objetivos son distintos: en una empresa hay que conseguir que el personal sea productivo, mientras que en los ejércitos hay que lograr que estén dispuestos a arriesgar sus vidas (y a perderlas) si fuera necesario. La diferencia de compromiso entre estos dos casos es abismal (y es la base de las limitaciones de los ejércitos ocupacionales).

De las fuentes clásicas de motivación, tenemos la motivación «extrínseca» (básicamente, las retribuciones económicas), la motivación «intrínseca» (que el personal disfrute desempeñando el trabajo que hace) y la motivación «trascendente» (que el trabajo realizado tenga un propósito que supere al propio interés). En general, en el caso de los ejércitos, la motivación extrínseca es limitada: los salarios no son competitivos con el mundo civil, incluso descontando la penosidad propia de la vida militar. En motivación intrínseca, la situación es algo mejor: la carrera militar es completamente vocacional, pero también es verdad que hay una parte puramente administrativa que va aumentando con el tiempo, como en cualquier ministerio. El punto «fuerte» de nuestra motivación es la tercera de las fuentes, la motivación «trascendente», que va ligada directamente a la formación en valores. Como consecuencia, dentro de nuestro sistema de enseñanza se hace un esfuerzo particular en inculcar un sistema de valores, tanto porque lo necesitamos para actuar en combate como porque es una forma de compensar una motivación que no podemos dar de otra manera.

La enseñanza militar pretende preparar a su personal para que desempeñe sus funciones en el seno de las Fuerzas Armadas, y estas se dedican a la ejecución de operaciones militares, pero también a muchas otras tareas.

Como cualquier gran organización, la gestión de la vida diaria consume gran cantidad de esfuerzos y de recursos, y es preciso preparar a nuestro personal para estas labores. Así, la gestión de recursos en tiempo de paz, la aplicación de normativa de medio ambiente, de protección de riesgos laborales y el cumplimiento de cualquier otra normativa inherente a una gran organización son áreas de interés para la enseñanza militar.

Como se ha apuntado, las operaciones militares no se limitan a la ejecución del combate de alta intensidad (o «combate generalizado» en su denominación doctrinal), sino que también se desarrollan frecuentemente operaciones de estabilización o de asistencia militar a otros Estados como herramientas de política exterior. Cada uno de estos campos requiere una formación específica. De la misma forma, se realizan frecuentemente operaciones de apoyo a autoridades civiles (objeto preferente de la Unidad Militar de Emergencias), en las que una organización con estructura militar cumple un fin no estrictamente militar. La prioridad teórica es formar en lo primero, el combate, y luego todo lo demás. Si los ejércitos no saben ejecutar operaciones de combate, no hay ninguna institución capaz de hacerlo. Si sus ejércitos pierden esa capacidad, España la pierde.

El combate evoluciona. Hay muchos factores que lo afectan: la tecnología, qué tipo de sociedad tenemos, los riesgos de seguridad, la experiencia, la cultura militar y estratégica del país, las posibilidades económicas y humanas, y el entorno exterior. Eso son factores que hay que analizar y que hay que comprender. Según el general Fuller, el estudio de estos factores lleva a la redacción de una «doctrina», que es la «idea central» de un ejército: un ejército es una herramienta hecha a medida para ejecutar una tarea definida en su doctrina. La doctrina condiciona los materiales, la organización, el personal, su educación, sus valores y la preparación necesaria. Por ejemplo, hay doctrinas que priman la disciplina, las «doctrinas de fuego» o de «desgaste», pero no la iniciativa (caso de las «doctrinas de maniobra»). La adopción de una doctrina u otra condiciona completamente el contenido, la forma y los valores que se han de transmitir en el sistema de enseñanza militar.

Adicionalmente, el propio diseño de nuestra organización es una tarea compleja y siempre presente: en el mundo actual, en continua evolución y con un entorno operativo en permanente cambio, las organizaciones militares están inmersas en un proceso de evolución continua, que requiere conocimientos especializados que deben ser aportados por el sistema de enseñanza militar.

Una vez planteadas las principales necesidades formativas del personal militar, es necesario analizar cuáles de ellas son específicas de los ejércitos y cuáles otras son comunes con la sociedad en su conjunto.

Así, por ejemplo, el combate es evidentemente de carácter militar, como lo es la generación de doctrina. En cambio, el funcionamiento en tiempo de paz o el diseño organizacional afectan a cualquier institución, empresa o estructura. Algo similar ocurre con la gestión de recursos: por ejemplo, los camiones militares están pintados de verde, pero son igual que los camiones que utilizan los transportistas, y su mantenimiento en tiempo de paz es similar. La gestión de recursos en el ámbito militar tiene sus particularidades, pero hay mucho de la vida civil que es perfectamente aplicable. La normativa civil se aplica igual en todas las instituciones en tiempo de paz.

En cuanto a las operaciones, recordemos que existen tres tipos básicos: de combate, de estabilización y de apoyo a las autoridades civiles. Hay preponderancia de lo militar en el combate, pero esto no es necesariamente igual en las operaciones de estabilización y aún menos en las de apoyo a las autoridades civiles. En muchas operaciones de estabilización, el 90 % son operaciones de carácter civil (logística, reparto de ayuda humanitaria, seguridad, policía, infraestructura, apoyo a procesos electorales, etc.). De hecho, incluso las operaciones puramente militares estarán a la sombra de lo político. En la mayoría de los casos, las fuerzas militares tienen como misión ganar tiempo para que el nivel político encuentre una solución igualmente política al problema que pretende solucionarse. Por tanto, el personal militar debe estar familiarizado con esas soluciones existentes fuera del campo militar. Este efecto es aún mayor en el caso de las operaciones de apoyo a autoridades civiles.

La estructura jerárquica de las organizaciones militares y las diferentes responsabilidades de sus miembros llevan también a una diferenciación en los niveles de formación necesarios.

En general, las tareas más sencillas están asociadas a la tropa y a las unidades más pequeñas, la «escuadra» (tres o cuatro soldados, y mandada por un cabo). La formación requerida a estos niveles equivale a la proporcionada en los primeros niveles del sistema educativo general.

Para niveles superiores, se requiere la dirección de suboficiales, que precisan una educación secundaria avanzada.

A partir de ahí se trabaja en organizaciones complejas con mucho personal y con una complejidad creciente, lo que requiere una educación universitaria.

En España se ha hecho una apuesta decidida por la seguridad colectiva, es decir, nuestros ejércitos nunca van a actuar solos, vamos a actuar en el marco de una coalición. Esto implica la necesidad de estar en condiciones de entendernos con nuestros aliados, lo que implica la necesidad de recibir una formación en idiomas.

Dada la estructura piramidal de la organización militar, el 99,9% de nuestro personal son jefes y, a la vez, subordinados. Es decir, la mayoría de los puestos de trabajo implican la dirección de equipos y la participación en grupos de trabajo. Ello conlleva una importante necesidad de formación en el campo del liderazgo: gestión de equipos, cómo motivarlos y cómo hacer que trabajen de forma satisfactoria.

Otras necesidades de formación nacen del tipo de puestos que se van a desempeñar a lo largo de la carrera militar. En efecto, con los años de permanencia en filas, las responsabilidades aumentan, pero también cambian notablemente. En consecuencia, aparecen nuevas necesidades formativas que deben considerarse en el sistema de enseñanza militar.

En general, los primeros empleos de la carrera se orientan hacia la ejecución. Esto no quiere decir que sean tareas sencillas, pero sí que están orientadas hacia el presente y hacia el cumplimiento de objetivos a muy corto plazo. En consecuencia, la enseñanza en las primeras etapas de la carrera se centra en la formación necesaria para la ejecución de tareas a niveles bajos.

Sin embargo, cuando se accede al empleo de comandante, la carrera cambia notablemente, pasando de tareas ejecutivas a labores de planeamiento y de gestión de recursos. Esto ha obligado a crear cursos de «actualización» de conocimientos y también cursos de formación en especialidades adicionales («de segundo tramo»).

De la misma forma, en niveles altos el combate se vuelve más complejo. Del combate de pequeña unidad, compuesta básicamente por soldados de una sola especialidad (Infantería, Caballería, etc.), se pasa al combate «interarmas», en la que el jefe debe conocer no solo cómo funcionan las unidades de su especialidad, sino también cómo pueden apoyar a otras unidades distintas y qué ayuda pueden recibir de ellas. En este efecto sinérgico reside la eficacia en combate. Y, aún más arriba, aparece el combate «conjunto», en el que los medios de los tres ejércitos cooperan armónicamente. Pues bien, tanto el combate interarmas como el combate conjunto tienen necesidades específicas de formación, que deben proporcionarse en los momentos oportunos de la carrera.

En las etapas superiores de la carrera, en el nivel de coronel y general, aparece el «nivel estratégico». En este nivel se produce el enlace entre las operaciones militares y sus fines políticos, y el engarce entre la jerarquía militar y el nivel político. Esta labor tiene también necesidades específicas de formación.

En otro orden de cosas, han aparecido recientemente nuevos dominios de combate, como el ciberespacio o el espacial. Son ámbitos nuevos y conceptos que todavía están en desarrollo. Además, en ellos, las Fuerzas Armadas tienen que competir para recibir personal formado con empresas públicas y privadas; este personal se centra en campos innovadores, que exigen una formación muy especializada y demandada. En algunos casos, nos cuestionan incluso el marco legal: ¿un ciberataque es una guerra?

El combate del futuro se va a desarrollar en un campo de batalla «transparente». En una situación de abundancia de sensores en el campo de batalla, se detectará todo lo que haya en él y todo podrá ser destruido por armas de largo alcance. Esto genera unas condiciones de combate muy exigentes. Por ejemplo, la movilidad será continua y los enlaces se perderán frecuentemente, obligando a los jefes aislados a tomar sus propias decisiones, sin órdenes. Esto obliga a formar personal con un nivel de iniciativa muy importante, y con una preparación muy superior a la tradicional: el jefe de una pequeña unidad aislada tiene que entender cuál es la operación que está haciendo su unidad superior, por lo que tiene que saber no solo cómo opera su unidad, sino también la superior. Habrá un incremento en el uso de nuevas tecnologías, lo que implica que será necesario dar una mayor formación técnica al personal militar.

Todos estos desarrollos apuntan a una mayor exigencia de formación y, con ella, hacia la necesidad de especializarse. Durante mucho tiempo, ha habido una cierta tendencia a «civilizar» la enseñanza militar. Estábamos haciendo ingenieros cuando lo que necesitamos son jefes de compañía capaces de operar en un entorno tecnológicamente avanzado, pero moralmente muy exigente. Y el tiempo dedicado a formar un ingeniero, es tiempo perdido para formar un jefe de compañía. Y las deficiencias en el aprendizaje militar se pagan en muertos.

La formación debe ser amplia y completa. Esto, unido a los cambios de cometidos que ocurren durante la carrera, obligan a que la formación sea continua.

En el campo del liderazgo, hay que formar a nuestros soldados, a todos los niveles, a ser independientes, a tomar iniciativas, a tomar decisiones. Esto es un cambio cultural sobre la tradición de los ejércitos de tropa de leva obligatoria. En los ejércitos basados en la tropa de reemplazo, el personal no estaba formado y, por tanto, no podía recibir responsabilidades. Sin embargo, ahora tenemos un personal profesional, con larga permanencia en filas, y podemos formarlo, lo que nos permite delegar el nivel de decisión a niveles más bajos y, por tanto, a decidir más rápido. Esa era una de las claves del éxito de nuestros famosos Tercios de Flandes.

Para contribuir al necesario asesoramiento estratégico, los jefes militares deben conocer también cómo funciona el Estado en profundidad. Lo mismo ocurre en el ámbito de las relaciones internacionales, la estrategia o el combate conjunto. Toda esa formación hay que reforzarla. En este sentido, sería interesante dar un curso de General mucho más amplio que el actual y centrado en geopolítica, estrategia y combate conjunto. No es una idea original: cursos así los tienen los franceses, los británicos o los norteamericanos.

Todas estas medidas implican incrementar los presupuestos y la prioridad de la enseñanza. Dar prioridad a la Fuerza es apostar por un presente que se va degradando, porque a un capitán que se va le sustituye otro que está peor formado. Dar prioridad a la formación es apostar por el futuro, y por un futuro que mejora. Porque a un capitán menos formado, le sustituye otro mejor preparado.

El sistema de enseñanza militar español está bien concebido, pero persisten fallos de ejecución. En muchos casos, estos fallos se deben a razones presupuestarias o de carencia de personal, pero en otros a tensiones internas: el tiempo dedicado a formación reglada es tiempo en el que el personal está ausente de sus obligaciones en sus destinos. Otra fuente de tensión es la voluntad de asimilar la enseñanza militar a las necesidades del sistema educativo general, hasta relegar la enseñanza militar al tiempo sobrante para obtener un título civil. Estos problemas deben abordarse desde una perspectiva más amplia.

La guerra de Ucrania nos demuestra la importancia de la formación militar y el elevado precio que pagan los ejércitos y los Estados cuando sus soldados no disponen de una correcta formación militar. El proceso de aprendizaje del combate interarmas y del combate conjunto es un camino largo y sembrado de dolor y sufrimiento. Todo el trabajo que se haga en tiempo de paz para evitarlo es un esfuerzo bien empleado.

Conclusión: La defensa que España necesita

Ignacio Cosidó
Director del Centro para el Bien Común Global
de la Universidad Francisco de Vitoria

Wenceslao Sánchez
Becario de investigación del Centro para el Bien Común Global
de la Universidad Francisco de Vitoria

LA POLÍTICA DE DEFENSA EN ESPAÑA ha sido un asunto marginal desde nuestra Transición democrática. Esta irrelevancia se explica por una histórica falta de cultura estratégica en nuestro país, por nuestra poca relevancia internacional y por la ausencia de una percepción de una amenaza que exigiera respuesta. El resultado de décadas de desatención ha sido unas Fuerzas Armadas disminuidas e infradotadas, la falta de una conciencia de defensa y, en definitiva, una defensa nacional débil.

Esta realidad tiene que ser modificada radicalmente como consecuencia del cambio de época que estamos viviendo en Europa y en todo el mundo. El resurgimiento de la guerra en las fronteras de la Unión Europea, la quiebra del orden internacional surgido tras el final de la Guerra Fría, la emergencia de nuevas amenazas y la necesidad de construir una defensa europea, han puesto la defensa entre las prioridades políticas de la mayoría de los países de nuestro entorno. Este libro, que reúne las aportaciones de algunos de los mejores analistas militares de nuestro país, pretende ser una llamada de atención sobre la necesidad de fortalecer nuestra defensa y hacerlo de forma urgente.

La política de defensa estuvo centrada durante la Transición Democrática en solucionar la «cuestión militar», es decir, cómo definir el papel que debían desempeñar las Fuerzas Armadas en la España constitucional. Ese es un debate felizmente superado en nuestro país, con unos ejércitos plenamente sometidos al poder civil, defensores de la Constitución y volcados en garantizar la seguridad de España frente a las amenazas exteriores. En una segunda etapa, el debate se centró en el accidentado ingreso de España en la Organización del Tratado del Atlántico Norte (OTAN) y el mantenimiento de las bases norteamericanas en nuestro territorio. Esa es también cuestión superada con la plena participación de España en la estructura militar de la Alianza Atlántica, la presencia de nuestras tropas en múltiples operaciones aliadas y europeas, y la potenciación de Rota como una base esencial para la presencia de Estados Unidos en el Mediterráneo. Un tercer debate fue el proceso de plena profesionalización de nuestras Fuerzas Armadas, una trasformación que se ha culminado con éxito con el único peaje de unas plantillas quizá reducidas en exceso. Por último, cabe señalar que en el proceso de modernización de nuestra defensa a lo largo de estas últimas décadas, en ocasiones han primado más los intereses industriales que las necesidades militares, y los intereses particulares de cada ejército sobre las necesidades de una acción conjunta.

Hoy, el reto fundamental de nuestra política de defensa es cómo transformar unas Fuerzas Armadas diseñadas para operaciones internacionales de gestión de crisis o misiones de apoyo a las autoridades civiles, en una fuerza combinada con capacidad para responder a toda la escala de amenazas, desde las operaciones en la zona gris al combate de alta intensidad, y hacerlo desde una acción multidominio en todo el espectro físico, cibernético y cognitivo.

Este es un desafío formidable, porque nuestras Fuerzas Armadas carecen hoy de muchas de las capacidades críticas tanto para sostener un combate de alta intensidad como para operar eficazmente en los nuevos dominios espacial, cibernético o cognitivo en los que se generan las denominadas amenazas híbridas.

Esta transformación, que como hemos analizado requiere no solo de grandes recursos sino también de un cambio doctrinal y de mentalidad profundo en nuestros ejércitos, debe ser realizada además con máxima urgencia. Por un lado, la amenaza rusa hace cada vez más plausible una confrontación directa con la OTAN, un escenario para el que las potencias europeas estamos mal preparadas y frente al cuál el compromiso de Estados Unidos resulta cada vez menos sólido. La única forma de evitar la extensión y la escalada de la guerra

Ignacio Cosidó y Wenceslao Sánchez

en nuestro continente es un rearme europeo que disuada a Rusia de nuevas invasiones en territorio aliado.

En segundo lugar, España no puede ignorar las reclamaciones territoriales sobre Ceuta, Melilla, las islas Canarias y nuestras fronteras marítimas. El fuerte rearme de Marruecos, justificado en buena medida por su rivalidad con Argelia; la asertividad de su diplomacia, con éxitos importantes en el contencioso del Sahara Occidental, y sus nuevas alianzas en el marco de los acuerdos de Abraham, hacen imprescindible mantener un equilibrio que permita articular una cooperación eficaz en términos de seguridad con nuestro vecino del sur, una cooperación que es, sin duda, beneficiosa para ambas partes. Pero ese equilibrio pasa necesariamente por un fortalecimiento de nuestras capacidades de defensa.

Por último, hay que tener en consideración nuestra vulnerabilidad para hacer frente a amenazas híbridas, que van desde el terrorismo a los flujos migratorios masivos, fenómenos que pueden ser utilizados como armas en un conflicto de naturaleza híbrida. Especial mención merecen los ataques cibernéticos, cada vez más frecuentes e intensos y que provienen tanto de actores no estatales como de otros Estados. Se está produciendo además una creciente militarización del espacio ultraterrestre, cada vez más relevante para nuestra actividad económica y nuestra seguridad. España debe tener al menos una capacidad de observación de ese espacio que le permita anticipar las amenazas.

Un debate recurrente en la política de defensa española es la medida en que debemos orientar nuestra estructura de fuerzas a las amenazas compartidas o las amenazas no compartidas. Considero que es un error plantear ese debate en términos excluyentes. España necesariamente tiene que atender ambas esferas. La ventaja es que las capacidades para atender ambas amenazas no son sustancialmente diferentes, aunque en nuestra planificación militar debamos mantener esa polivalencia. Quizá la lección más importante aprendida de los últimos conflictos es la necesidad de fortalecer una base industrial de defensa propia.

OPERACIONES MULTIDOMINIO

El empleo de las fuerzas armadas tiene ya, y previsiblemente tendrá aún en mayor medida en el futuro, no solo las características de la acción conjunta, sino la acción multidominio. Esto exigirá sistemas de comunicaciones, mando, control e inteligencia mucho más potentes que los actuales.

En el dominio terrestre, resulta esencial la adquisición de artillería de largo alcance dotada de municiones inteligentes y merodeadoras; drones de observación y ataque en números relevantes y sistemas antidrones; una fuerza mecanizada reforzada capaz de integrarse y sobrevivir en operaciones combinadas, y medios autónomos o semiautónomos no tripulados; fuegos letales y no letales más profundos; automatización de tareas complementarias, y sensorización de los sistemas que alerten de las averías y faciliten el apoyo logístico.

En el dominio marítimo hay programas importantes en marcha, como los cuatro submarinos S-80, las cinco fragatas F-110, los ocho helicópteros MH-60R, que recuperan nuestra capacidad de lucha antisubmarina, además de otros programas menores. Junto a estos programas ya en marcha, parece necesario la adquisición del F-35 B —si se quiere mantener la capacidad aeronaval— o la futura corbeta europea. Imprescindible resulta también la modernización del material de la Infantería de Marina. Mirando al futuro, sería necesaria la puesta en marcha de nuevos programas, como el submarino S-90, la futura fragata F-120 y nuevos programas de drones navales, vehículos de superficie y submarinos no tripulados

En el dominio aéreo, el objetivo es consolidar la superioridad aérea en el lugar y tiempo en que nos pueda ser necesaria, teniendo especialmente presentes las amenazas no compartidas. Para ello, no es suficiente con la adquisición de nuevos equipos y tecnologías, sino que el elemento esencial es cómo disponer de los recursos humanos necesarios para operar los medios técnicos ya disponibles y aquellos de los que necesariamente nos tendremos que dotar en el futuro. Un segundo desafío es cómo integrar el poder aéreo en las operaciones multidominio.

En el dominio espacial, las Fuerzas Armadas deben dotarse de las capacidades necesarias para garantizar, de forma autónoma y también en coordinación con sus aliados, el libre acceso al espacio y la defensa de los servicios comerciales y de seguridad que nuestra nación necesita. La creación del Mando del Espacio es un primer paso para la consecución de una capacidad de mando y control que, inicialmente, se centrará en el conocimiento del dominio espacial. A

Ignacio Cosidó y Wenceslao Sánchez

largo plazo, habrá que aspirar a ser capaces de realizar operaciones defensivas y de respuesta en el espacio, para lo cual habrá que disponer de un robusto sistema de mando y control espacial.

En el dominio del ciberespacio es fundamental garantizar libertad de acción (internet, telefonía, satélites, etc.) para la operatividad de las Fuerzas Armadas y la subsistencia de la nación. Para ello, es necesario fortalecer la resiliencia, protección y defensa de las redes, los servicios esenciales y las infraestructuras críticas, y resulta imprescindible prepararse con tiempo, y dotarse de personal y capacidades militares que permitan realizar operaciones defensivas y ofensivas.

Por último, en el dominio cognitivo, una vez desarrollada una doctrina propia, es preciso reforzar las capacidades para desarrollar la comunicación militar pública, las operaciones psicológicas y las operaciones ciberespaciales. La superioridad en la toma de decisiones requiere un conocimiento profundo del entorno de la información y buenas herramientas de auxilio a la toma de decisiones.

Además del análisis de las capacidades de las Fuerzas Armadas españolas para operar en los seis dominios —terrestre, marítimo, aéreo, espacial, cibernético y cognitivo—, el presente libro propone fortalecer tres vectores transversales que afectan a todos ellos y que resultan críticos para garantizar nuestra seguridad.

Hemos de potenciar nuestra inteligencia militar como una capacidad crítica en todos los dominios descritos, ya que está cobrando una relevancia cada vez mayor para enfrentar tanto amenazas de potencias hostiles como de agentes no estatales. Para lograr este objetivo es preciso, antes que nada, reforzar la plantilla con una capacidad de selección de personal, fomentar la motivación hacia la carrera de inteligencia, priorizar la financiación de material de inteligencia, fomentar el Programa Nacional de Observación de la Tierra y del Ciberespacio, integrar las capacidades de obtención con las capacidades de análisis y generar una verdadera comunidad nacional de inteligencia.

LOS RECURSOS NECESARIOS

Todos los autores coinciden en que soldados y marineros, de cualquier empleo, son el elemento esencial para garantizar la eficacia de las Fuerzas Armadas y el éxito en cualquier proceso de transformación. Hay también unanimidad en la necesidad de aumentar el volumen de efectivos, aunque la cuestión esencial es la captación, retención y gestión del talento. En nuestra opinión, el principal reto es cómo mantener la motivación a lo largo de toda la carrera militar. La necesidad de conciliación de la vida familiar y profesional se ha saldado con una disminución de la capacidad operativa de las Fuerzas Armadas. La injusta remuneración, tanto del personal profesional como de los reservistas voluntarios y del personal civil, constituye otra gran hipoteca para el éxito de la misión. Resulta imprescindible invertir en recursos humanos para forjar una fuerza capacitada y motivada.

Por otro lado, la enseñanza militar es la palanca de transformación más importante para construir las Fuerzas Armadas que España necesita. Es imprescindible formar profesionales en ámbitos multidisciplinares y cambiantes, donde al mismo tiempo se enseñen los valores tradicionales del combatiente español, fomentando líderes competentes.

Hacer frente al cambio de época que vivimos exige no solo un cambio en el discurso político sobre nuestra defensa y un cambio de estrategia desde lo conjunto a las operaciones multidominio. Ninguna de las dos cosas —discurso político y estrategia— valdrán nada si no van acompañadas de hechos, lo que en este caso se traduce esencialmente en disponer de los recursos necesarios. A pesar del incremento del presupuesto de Defensa en los dos últimos años, España sigue a la cola del esfuerzo en defensa de los países de la Alianza Atlántica.

Necesitamos, sin duda, más recursos para hacer frente al déficit de capacidades que nos encontramos en todos los dominios, pero precisamos también un horizonte a largo plazo que nos permita la obtención de esos recursos aprovechando también el potencial tecnológico e industrial de nuestro país. Es el momento de abordar una ley programa que establezca un horizonte financiero estable para los próximos años. Sin ese compromiso, será imposible sacar a la defensa de España de la debilidad en la que se encuentra. Esa iniciativa pasa por un acuerdo entre los dos grandes partidos nacionales.

Hay, además, que profundizar en la evaluación de nuestra política de adquisiciones para mejorar la eficiencia del gasto, así como revisar en profundidad el conjunto de programas en marcha para

Ignacio Cosidó y Wenceslao Sánchez

dar prioridad a las necesidades más perentorias que nos muestran los conflictos actuales: defensa aérea, artillería de precisión de largo alcance, drones, ciberdefensa y guerra electrónica. Asimismo, debemos apostar por las tecnologías disruptivas que están revolucionando el campo de batalla actual: inteligencia artificial, robótica, *big data* y procesadores quánticos, entre otras.

La tecnología, a diferencia de lo que ocurría en la época de la Guerra Fría, se encuentra hoy liderada por la empresa civil. Dado el complejo contexto y las implicaciones reales que están teniendo empresas civiles en los conflictos de hoy en día, como Starlink en Ucrania, planteamos la necesidad de aumentar la colaboración público-privada en el ámbito de la defensa, ya sea con empresas multinacionales o *start-ups*.

Simultáneamente, es preciso mantener capacidades convencionales en volumen suficiente como para sostener una guerra de atrición. Así, además de dotarnos de los *stocks* de munición, repuestos y material necesarios, es urgente desarrollar una reserva efectiva que complemente nuestros reducidos ejércitos profesionales y un sistema de movilización que permita canalizar todas las energías de la nación hacia la victoria si la guerra resulta inevitable.

El mayor cambio estratégico que debe realizarse en relación con la reserva es modificar su carácter de suplementaria por el de complementaria. Por un lado, es preciso seguir contando con especialistas que traigan a las Fuerzas Armadas los conocimientos y experiencia civiles que son necesarios para el ámbito castrense, pero a ellos deben sumarse unos reservistas operativos que constituyan unidades específicas, capaces de desplegar como batallones o compañías en cuanto reciban órdenes para ello. El adiestramiento debe alcanzar un sitio preeminente en la capacitación de todo el personal reservista. Se sugiere diseñar un plan de adiestramiento basado en ejercicios a realizar durante, por ejemplo, diez fines de semana al año una vez superada una formación básica de, aproximadamente, 40 días. Los batallones de reservistas operativos estarían repartidos por el territorio nacional, cumpliendo así con la premisa de acercar el lugar de activación a la residencia de los reservistas. El objetivo sería llegar a una fuerza en reserva de 20 000 efectivos.

El libro que tiene en sus manos pretende ser una llamada de atención sobre el cambio necesario para la defensa de España. Este libro no habla del futuro, sino de un presente que está aquí, pero que no queremos ver. Los tambores de guerra resuenan cada vez más cercanos en Europa, los desafíos se acumulan en nuestra frontera sur, nos enfrentamos a nuevos retos en todos los dominios, nos adentramos en una zona gris en la que las amenazas híbridas serán cada vez más peligrosas. En este nuevo entorno estratégico, las Fuerzas Armadas serán el principal baluarte para defender nuestra soberanía, nuestra integridad territorial y nuestra defensa, contribuyendo además a garantizar la seguridad de toda la Unión Europea y la fortaleza de la Alianza Atlántica para defender conjuntamente nuestras democracias.

Europa, y con ella España, deben despertar del sueño de paz perpetua que dormimos durante las últimas décadas. Solo fortaleciéndonos y disuadiendo a nuestros enemigos seremos capaces de impedir la guerra, garantizar nuestra supervivencia y defender nuestra libertad. Tendremos que aumentar los recursos dedicados a nuestra defensa, pero sobre todo tendremos que cambiar la mentalidad y recuperar nuestra voluntad de luchar por defender lo que somos, en lo que creemos y el futuro que queremos construir.